STEPHANIE HAUSCHILD

Eine BLUMEN-MALERIN sollt' ich sein

Künstlerinnen von Maria Sibylla Merian bis Georgia O'Keeffe

JAN THORBECKE VERLAG

VERLAGSGRUPPE PATMOS

PATMOS
ESCHBACH
GRÜNEWALD
THORBECKE
SCHWABEN

Die Verlagsgruppe
mit Sinn für das Leben

Mein Dank geht an die Mitarbeiter der Graphischen Sammlung des Hessischen Landesmuseums Darmstadt für die freundliche Betreuung, an Lili Fischer, das Kunstarchiv Darmstadt und Klaus Netuschil für die zur Verfügung gestellten Bilder und ganz besonders an Sue Hénon für die Abbildungen, die liebenswürdige Aufnahme in ihrem Atelier und die geduldig beantworteten Fragen.

MIX
Papier aus verantwortungsvollen Quellen
FSC® C089473

Für die Schwabenverlag AG ist Nachhaltigkeit ein wichtiger Maßstab ihres Handelns. Wir achten daher auf den Einsatz umweltschonender Ressourcen und Materialien.

BIBLIOGRAFISCHE INFORMATION DER DEUTSCHEN NATIONALBIBLIOTHEK
Die Deutsche Nationalbibliothek verzeichnet diese Publikation in der Deutschen Nationalbibliografie; detaillierte bibliografische Daten sind im Internet über http://dnb.d-nb.de abrufbar.

www.thorbecke.de

Gestaltung, Satz und Repro: Saskia Bannasch, Finken und Bumiller, Stuttgart
Druck: Beltz Bad Langensalza GmbH, Bad Langensalza
Hergestellt in Deutschland
ISBN 978-3-7995-1088-2

BILDNACHWEIS
ABB. 1: Herzog-Anton-Ulrich-Museum, Braunschweig; ABB. 2, 3 : Sue Hénon; ABB. 4, 5: Bibliothèque nationale de France, Ms. Latin 9474 ; ABB. 6: AKG images/Erich Lessing; ABB. 7: Bridgeman images/Prado, Madrid; ABB. 9: Hessisches Landesmuseum Darmstadt; ABB. 11: Universitätsbibliothek Johann Christian Senckenberg, Frankfurt am Main; ABB. 12, 13: Foundation for the Arts Collection, Mrs. John B. O'Hara Fund and gift of Michael L. Rosenberg / Bridgeman Images; ABB. 14: Look and Learn/ Bridgeman Images; ABB. 16: Akg images/ View Pictures/ Dennis Gilbert; ABB. 17: Holzstich, Darmstadt, Sammlung Kunstarchiv Darmstadt e.V.; ABB. 18: Stiftung Moritzburg, Halle/Saale, Kunstmuseum des Landes Sachsen-Anhalt; ABB. 19: Postkarte, Darmstadt, Privatsammlung; ABB. 20 Philadelphia Museum of Art, Pennsylvania, PA, USA / Bequest of Georgia O'Keeffe for Alfred Steiglitz Coll, 1987 / Bridgeman Images; ABB. 21: New York, Metropolitan Museum of Art/ bpk; ABB 22, 23: Anita Albus, Lobelia fulgens Wild.; Iris graminea L. Aus: dies., Das botanische Schauspiel. Vierundzwanzig Blumen, nach dem Leben gemalt & beschrieben. © S.Fischer Verlag GmbH, Frankfurt am Main 2007; ABB. 24, 25: Fotos: Lili Fischer

Inhalt

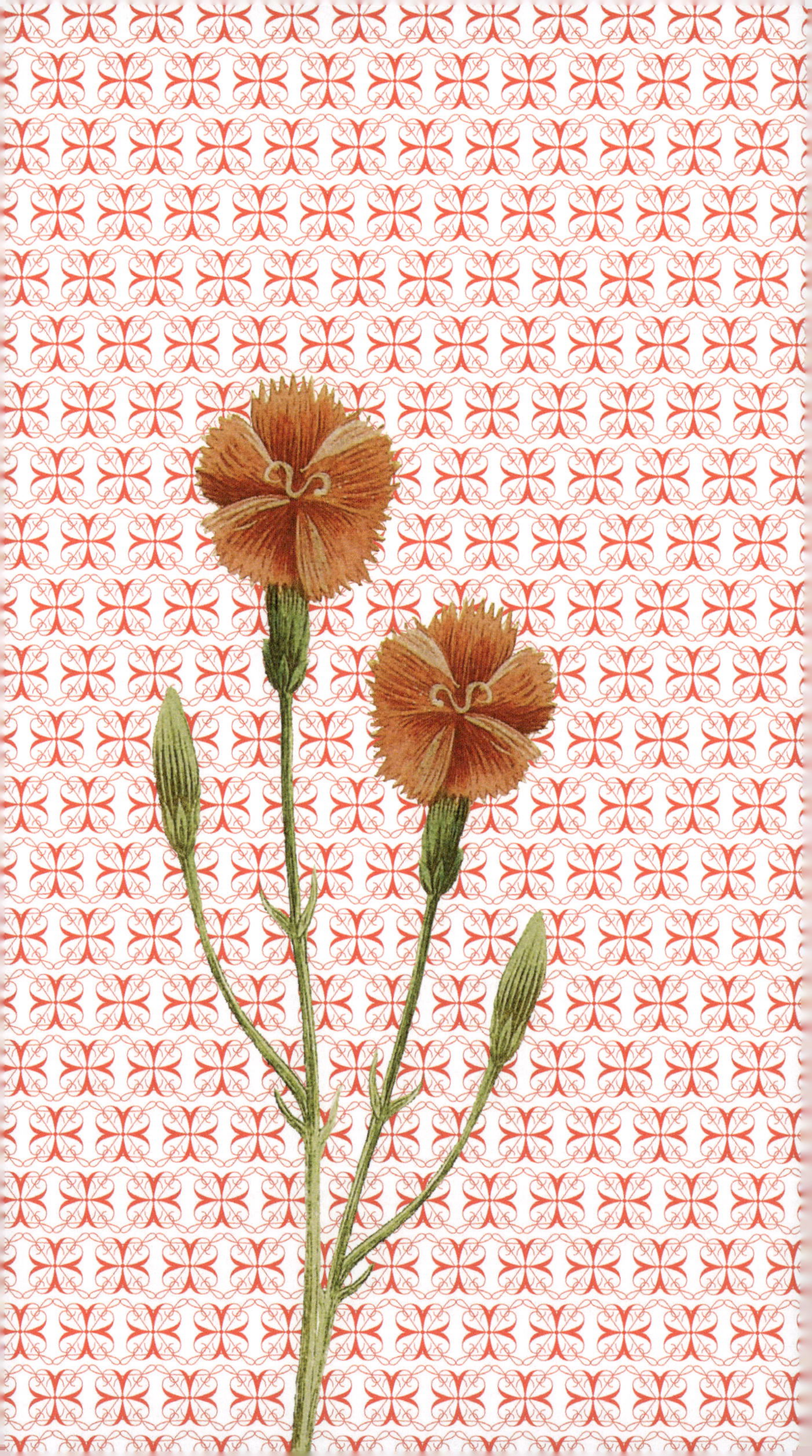

1

„Eine Frau soll Blumenmalerin sein"

EINLEITUNG

DREI FRAUEN IM GARTEN

Drei Frauen im Garten, zwei von ihnen haben Bücher dabei, die dritte hält ein kleines Kind auf dem Schoß (→ABB. 1)*. Sie wirken entspannt, so wie die gesamte dargestellte Szene einen heiteren und freundlichen Eindruck vermittelt. Ein Familiennachmittag im Garten könnte das Thema des Bildes sein. Wäre da nicht der Mönch im weißen Gewand.* Er weist darauf hin, dass es sich bei dem „Braunschweiger Diptychon" um ein religiöses Bild handelt. Besser gesagt, handelt es sich eigentlich um zwei Bilder, die durch Scharniere am Rahmen miteinander zu einem sogenannten „Diptychon" verbunden sind. Auf der einen Tafel ist Maria mit dem Jesuskind und mit ihrer Mutter Anna dargestellt. Auf der anderen Seite begleitet die heilige Barbara den Mönch, dessen weiße Kutte ihn als Angehörigen des Kartäuserordens kennzeichnet. Die beiden Tafeln geben einen zusammenhängenden Garten wieder, der im Hintergrund von einem Hof, Gebäuden, einer Mauer mit geöffnetem Tor, einer Landschaft und blauem Himmel abgeschlossen wird. Im Hof wächst ein einzelnes zierliches Bäumchen in einem runden Beet. Vor dem Gebäude befinden sich drei etwas erhöhte, rechteckige Beete. Die heilige Anna sitzt auf einer gemauerten Rasenbank, während Tochter und Enkel es sich auf der Wiese bequem gemacht haben. Auf der Rasenbank steht ein einzelner Blumentopf mit Nelken. Eine Stütze hält die die Blüten in Form. Solche Blumentöpfe mit Wuchshilfen kann man auf vielen mittelalterlichen Bildern finden. Sie sind ein Hinweis, wie wirklichkeitsnah spätmittelalterliche Bilder im Detail sein können. Und sie verraten viel über die Gartenbegeisterung der damaligen Zeit und darüber, was die Menschen in ihren Gärten damals machten. Lässt man nämlich für einen

Moment außer Acht, dass es sich bei den beiden Frauen und das Kind um die heilige Familie handelt, sieht man lediglich schön gekleidete – vermutlich – adelige Damen, die es sich im Garten eines Schlosses oder einer Burg gut gehen lassen, die lesen und mit einem Baby spielen. Der Garten scheint in weiblicher Hand zu sein, Männer – wie der Mönch – sind nur Besucher.

FRAUEN, GÄRTEN UND GEWÄCHSE

Doch warum ist das so? Warum bevölkern so viele Frauen – nicht nur – die mittelalterlichen Gartenbilder? Das Braunschweiger Diptychon ist ja nicht das einzige Kunstwerk, das den Eindruck vermittelt, der Aufenthalt im Garten wäre schon immer eine Angelegenheit gewesen, zu der sich Männer nur gelegentlich hinzugesellen. Gewiss spielt es eine Rolle, dass religiöse Bilder wie dieses Diptychon auf das Paradies verweisen. Der Bibel zufolge war das Paradies ein Garten, aus dem die ersten Menschen vertrieben wurden. Auch das himmlische Paradies stellte man sich – wie im Braunschweiger Diptychon – als Garten vor, bevölkert von heiligen Frauen und mit Maria als Königin. Viele biblische Erzählungen, die Heiligenlegenden und Bilder, die aus diesen Geschichten hervorgingen, spielen auf den Garten als verlorenes und erwartetes Paradies an und füllen ihn mit den Gestalten aus der Bibel, mit Eva und ihrer Nachfolgerin Maria. Theologen gingen sogar so weit, Marias Tugenden mit einem verschlossenen Garten zu vergleichen.

Doch es sind nicht nur die religiösen Anspielungen allein, die Frauen, Gärten und die Beschäftigung mit der Pflanzenwelt durch die Jahrhunderte immer wieder zusammenführen. Bis heute ist die künstlerische und forschende Auseinandersetzung mit der Pflanzenwelt ein Thema geblieben, das Frauen interessiert und das Frauen zugeordnet wird. Gründe dafür gibt es viele: etwa, dass die traditionelle Rolle als Hausfrau meist die Sorge um die Gärten mit einschloss, ihre Verwaltung, Pflege ebenso wie die Ernte und die Verarbeitung der Produkte. Durch familiäre Pflichten und gesellschaftliche Konventionen an Haus und Hof gebunden, mit weniger Entfaltungsmöglichkeiten und Freiheiten als die Männer ausgestattet, nutzten Frauen ihre Gärten für den Aufenthalt an der frischen Luft und geselliges Beisammensein mit Kindern, Freundinnen oder Verwandten. Im Gartenaufenthalt und in der Betätigung im Garten war sogar eine Angleichung an vorbildhafte Heilige oder Maria möglich. Dies wird im Braunschweiger Triptychon reflektiert. Umgekehrt boten die Gartenbilder Identifikationsmöglichkeiten für Frauen, deren Alltag darin verklärt gespiegelt wurde. Der Schritt von der Gartenarbeit oder

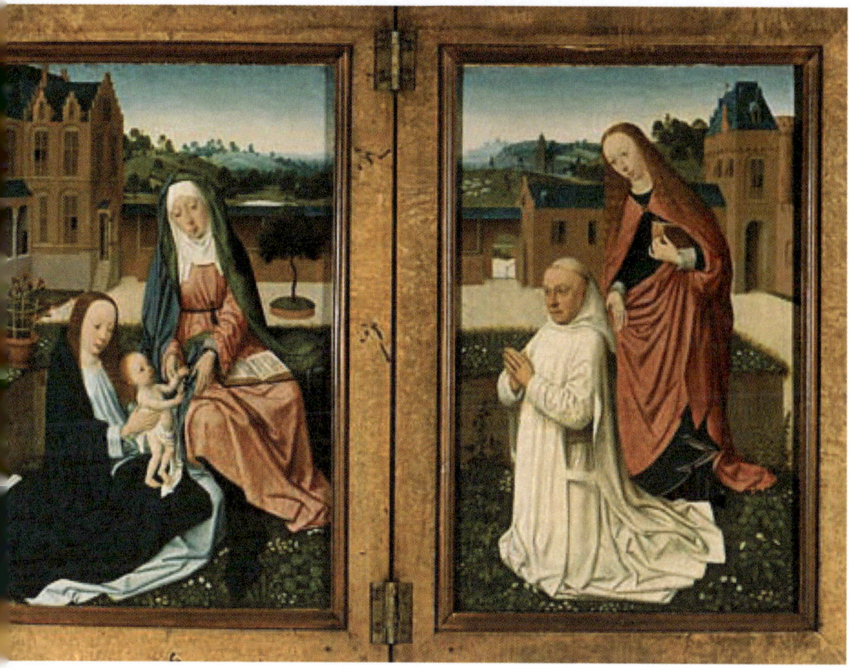

(ABB. 1) MEISTER, des Braunschweiger Diptychon, vor 1500, Braunschweig, Herzog-Anton-Ulrich-Museum

dem Genießen seiner Annehmlichkeiten bis zur künstlerischen und forschenden Auseinandersetzung fällt in diesem Zusammenhang nicht schwer. In „weiblich" assoziierten Handarbeiten, wie etwa Sticken, Knüpfen und Weben verarbeiteten Frauen schon immer Pflanzenmotive. In Haushalten, in denen Mädchen Grundlagen des Zeichnens und Malens oder den Künstlerinnenberuf lernten, sahen die Lehrer in der Pflanzenwelt geeignete Sujets. Ließ sich das Fach doch auch ohne den Besuch der Kunstschule lernen. War der Wissensdurst der Mädchen groß, hatten Autoritäten bei der Beschäftigung mit botanischen Fragen weniger einzuwenden als bei manch anderen Wissensgebieten.

So galt die Beschäftigung mit den Pflanzen und den Blumen seit langem als geeignetes Betätigungsfeld für Frauen. Sie konnten auf diese Weise ihre vermeintlich weibliche Natur ausdrücken, ohne dass sie befürchten mussten, dass die Öffentlichkeit ihnen Anmut, Zartgefühl und Lieblichkeit absprach. Im Gegenzug wurde die Beschäftigung mit der Pflanzenwelt jedoch in der öffentlichen Diskussion dem Dekorativen zugerechnet und von Kritikern und Theoretikern als bloßes Nachahmen der Natur abgetan. Männer hingegen stellten ihr Handwerk in den Dienst wichtiger

Ideen und schufen vermeintlich bedeutendere Werke. Große Gemälde von historischen Ereignissen, Altarbilder, Porträts der Staatenlenker spiegelten Genie und Schöpferkraft (männlicher) Künstler. Ihre Werke wurden in Ausstellungshallen und Museen präsentiert und brachten – wenn ihre Schöpfer alles richtig machten – dem Künstler Geld und Ruhm ein. Wenn Männer Blumenbilder malten, dann meistens, weil sich ihre anderen Bilder nicht verkaufen ließen. So ist es eigentlich bis heute geblieben. Die künstlerische Darstellung von Gewächsen ist deutlich an den Bedürfnissen des Marktes und den Wünschen der Kunden orientiert. Dort, wo in früheren Jahrhunderten die Blumenmalerei zu einer wichtigen Einnahmequelle wurde, wie etwa in Nürnberg, verboten die Zunftstatuten den Frauen den Gebrauch von Ölfarben. Sie mussten sich bis zum 18. Jahrhundert mit den Wasserfarben begnügen, die sich nur für kleine Formate eignen. So erstaunt es nicht wirklich, dass, obwohl die Blumenbilder und Illustrationen von Frauen denen der Männer qualitativ nicht nachstanden, ihre Arbeiten dennoch als weniger spektakulär bewertet wurden als die Arbeiten der männlichen Kollegen. Der weiblichen Beschäftigung mit der Botanik haftete immer eine gewisse Selbstgenügsamkeit an, eine freiwillige Beschränkung auf die zweite Reihe in der Kunst, Gelegenheitskunst zum Zeitvertreib höherer Töchter. Lange Zeit wurden die Werke als „Frauenkunst“, Freizeitbeschäftigung und Arbeit für den Broterwerb deklariert und bis in die jüngere Zeit hinein nicht selten belächelt, sogar wenn die Bilder auf dem Kunstmarkt teuer gehandelt wurden. Selbst feministische Kunsthistorikerinnen sahen in der weiblichen Beschäftigung mit den Blumenstillleben oder den botanischen Illustrationen einen Notbehelf. „Why have there been no great women artists“ – warum gibt es keine großen Künstlerinnen, wurde in einem Buch gefragt. Warum gibt es keine Künstlerin, die sich mit Michelangelo, Leonardo da Vinci oder Peter Paul Rubens messen kann? So gerieten nicht wenige Bücher über Künstlerinnen zu Aufzählungen des Mangels an Entfaltungsmöglichkeiten, Ausbildungs- und Aufstiegschancen in einer Welt, in der Frauen im Künstlerinnenberuf immer Eindringlinge waren, die mit den von Männern diktierten Regeln zurechtkommen mussten. In der Literatur wurden die künstlerischen Produkte aus dem Bereich der Blumenmalerei entsprechend als eine der wenigen Möglichkeiten diskutiert, überhaupt künstlerisch tätig zu sein, weil andere Möglichkeiten den Frauen verschlossen waren.

„Eine Frau soll Blumenmalerin sein. So fordert es die Welt, der Anstand, die Sitte“. Diesen Satz legte Theodor Fontane einer jungen Malerin in seinem Roman „Cécile“ von 1886 in den Mund. Dieser restriktive Blick auf die Kunst von Frauen, auf den Fontane hier Bezug nimmt, wurde gerade im konservativ gestimmten 19. Jahrhundert von vielen Kennern und Kritikern geteilt und bis in die Gegenwart hinein weitergeführt. Dass dies tatsächlich nicht immer so war, darauf kommt dieses Buch zurück. In den letzten Jahren hat sich der Blick auf die künstlerische Beschäftigung mit der Pflanzenwelt aber erneut gewandelt. Arbeiten von Maria Sibylla Merian oder Georgia O'Keeffe gelten inzwischen als bedeutende Kunstwerke, unabhängig vom Geschlecht ihrer Schöpferinnen. Zeitgenössische Künstlerinnen wiederum stellen sich ganz bewusst in die Tradition ihrer großen Vorgängerinnen. Auch davon wird in diesem Buch die Rede sein.

Fest steht, dass die Beschäftigung mit der Welt der Botanik ein Gebiet ist, über das Frauen bis heute ihre Teilhabe an der Kunst einfordern. Sie führen damit eine reiche und lange Tradition weiblichen Kunstschaffens fort, die in diesem Buch genauer betrachtet werden soll.

WORUM ES IN DIESEM BUCH GEHT

Warum Frauen sich botanischen Themen zuwendeten, unter welchen Voraussetzungen sie ihre Werke schufen und zu welchen Lösungen sie kamen, davon handelt dieses Buch. Es erzählt von Frauen und ihrer Beschäftigung mit der Pflanzenwelt in den Gärten und in der freien Natur, in der Kunst, in der Wissenschaft und sogar in der Politik. Es geht um Frauen, die den Aufbruch aus Konventionen und vorbestimmten Lebensläufen wagten, um sich der Kunst und Wissenschaft zu verschreiben, um den Mut der Künstlerinnen und Forscherinnen, auf ihre eigenen Fähigkeiten zu vertrauen, die Neugier und ihre Freude an den Wundern der Pflanzenwelt. Der Text fragt nach übergeordneten Gemeinsamkeiten in ihrer Arbeit, – etwa in der wiederkehrenden Darstellung von Madonnenlilien, Calla, Iris oder Mohnblumen – und nach den individuellen Standpunkten in der persönlichen Auseinandersetzung mit den Gewächsen, die etwa bei Anne Vallayer-Coster und Georgia O'Keeffe zu ganz unterschiedlichen Ergebnissen führt.

Geschrieben ist dieses Buch aus kunsthistorischer Sicht. Seit vielen Jahren beschäftige ich mich mit den Verbindungen zwischen Künstlerinnenleben und Botanik. Als Kunsthistorikerin gehe ich von der Überlegung aus, dass die hier vorgestellten Frauen der Vergangenheit das gewählte Thema als eine Nische genutzt haben, in der sie vor männlichem Konkurrenzstreben, Neid und Vorurteilen besser geschützt waren als in anderen Bereichen der bildenden Kunst wie etwa in der Historienmalerei. Der Wunsch nach

Anerkennung und die Auseinandersetzung mit de männlichen Konkurrenz spiegelt sich in ihren Bildern wieder, wenn sie künstlerische Wege einschlugen, die Männer seltener betraten. Sie produzierten neue und ungewöhnliche Bilder, die ihnen in ihrer Zeit und in ihrem gesellschaftlichen Umfeld ein selbstständiges Leben ermöglichten. Auch darum wird es in diesem Buch gehen.

Ich bin der Ansicht, dass diese Künstlerinnen, die Malerinnen und Forscherinnen begriffen haben, dass sie mit ihrem vermeintlich harmlosen und einem für den männlichen Schaffensdrang weitgehend uninteressanten Gebiet mit ihrer Arbeit Einfluss auf die Kunst und ihren Alltag nehmen konnten, auch wenn dies nicht selten hinter den Kulissen des offiziellen Kunstbetriebs geschah. Und ich glaube auch, dass diese Frauen im Gegensatz zu vielen Männern verstanden, welche wichtige Rolle sie dabei spielten. Künstlerinnen wiederum, die sich gegenwärtig mit botanischen Themen befassen, folgen in ihrer Arbeit oft genug den Spuren, die ihre Vorgängerinnen hinterlassen haben. Sie finden ein solides Fundament vor, auf dem sie für ihre eigene Arbeit aufbauen können.

Vorgestellt werden in diesem Buch Künstlerinnen, Forscherinnen, Autorinnen und Mäzeninnen vom ausgehenden Mittelalter bis heute. Weltberühmte Malerinnen sind ebenso darunter wie weniger bekannte Frauen. Sie alle haben eines gemeinsam: Sie vertreten sehr persönliche Standpunkte, die zwischen Kunst, botanischer Wissenschaft und Alltag vermitteln. Durch meine Arbeit mit dem Museumspublikum weiß ich, dass es gerade die kleinen, vermeintlich unspektakulären Geschichten sind, die Betrachter und Leser begeistern können. Und ganz klar spielen die eigenen Vorlieben bei der Auswahl der Werke und Künstlerinnen eine Rolle, auch bei mir ist das so. Das Buch erzählt deshalb keine vollständige Geschichte der künstlerischen Beschäftigung mit Pflanzen aus weiblicher Sicht, sondern spürt Frauen und ihren Werken nach, die ich für besonders interessant und vielversprechend für einen Überblick halte. So erzählt das Buch viele kleine Geschichten von Frauen und ihrer Leidenschaft für Kunst und Botanik. Doch handelt es sich längst nicht bei allen der hier vorgestellten Werke um „botanische Kunst“, unter der Bilder von Pflanzen meist zusammengefasst werden.

BOTANISCHE KUNST

Unter botanischer Kunst versteht die Online-Enzyklopädie „Wikipedia“ in erster Linie Illustrationen für wissenschaftliche Zwecke in der Form, Farbe und Details einer Pflanzenart möglichst naturgetreu wiedergegeben werden. Die Pflanzen hierfür werden in der Regel nach dem Leben gemalt. Die fertigen Bilder erscheinen meist in gedruckter Form in wissenschaftlichen Büchern oder Magazinen. Die Produktion botanischer Illustrationen verlangt vom Maler ein vertieftes Verständnis der Pflanzenmorphologie, Fachkenntnisse und Zugang zu den Gewächsen. Botanische Künstler arbeiten mit Wissenschaftlern zusammen. Zweck der Bilder ist die naturgetreue und detaillierte Wiedergabe der einzelnen Pflanzen, die wissenschaftlichen Ansprüchen genügt. Botanische Illustrationen finden wir etwa in Bestimmungsbüchern oder Biologiebüchern. Ursprünglich wurden botanische Darstellungen gebraucht, um Pflanzen auf wissenschaftlichen Forschungsreisen im Ausland zu dokumentieren. Die präzise Abbildung spielte im Zeitalter vor der Fotografie bei der Entdeckung neuer Arten eine wichtige Rolle, da der Transportweg nach Europa lang war und nur getrocknete Pflanzen oder deren Samen mitgebracht werden konnten. Daher wurden die Forscher in der Regel von einem Zeichner begleitet.

Doch sind die Malerinnen und Zeichnerinnen, die eine Pflanze so präzise darstellen, nun Künstlerinnen oder handelt es sich um Illustratorinnen? Diese Frage ist sehr alt. Sie lässt sich eigentlich nicht eindeutig beantworten, weil der künstlerische Wert der Darstellung ja zu aller erst im Auge des Betrachters liegt und mit jeder Generation neu bewertet wird. Tatsächlich werden bis heute Werke, die eindeutig als wissenschaftliche Illustrationen gedacht sind, in Museen aufbewahrt und von Kennern zu dekorativen Zwecken gesammelt, aus Freude an der Schönheit der dargestellten Pflanzen und dem Geschick der Künstler. Die im Buch vorgestellte Sue Hénon, Maria Sibylla Merian und vielleicht auch Anita Albus lassen sich mit einigem Recht als botanische Künstlerinnen bezeichnen.

Die botanische Illustration strebt nach der wissenschaftlichen Darstellung einer Pflanze, nach der präzisen Wiedergabe ihrer Merkmale wie Knolle, Wurzel, Blätter und Blüten. Darüber hinaus gab und gibt es Werke, die sich mit botanischen Motiven befassen, ohne deshalb „botanische“ Kunst zu sein. So fällt es beim Stundenbuch der Anne de Bretagne, den Werken von Clara Peeters oder Georgia O’Keeffe trotz des vorhandenen Detailrealismus schwer, die Werke als botanische Kunst im engeren Sinne zu begreifen. Tatsächlich ist der Begriff „botanische Kunst“ gar nicht genau definiert, sondern lässt viele Spielräume für den Betrachter.

Daher ist es zum Verständnis der in diesem Buch vorgestellten Werke hilfreich, einmal genauer zu fragen, was eine Pflanzenmalerin eigentlich tut und wie sie ihre Tätigkeit selbst definiert. Aus diesem Grund habe ich die botanische Malerin Sue Hénon im hessischen Dieburg besucht.

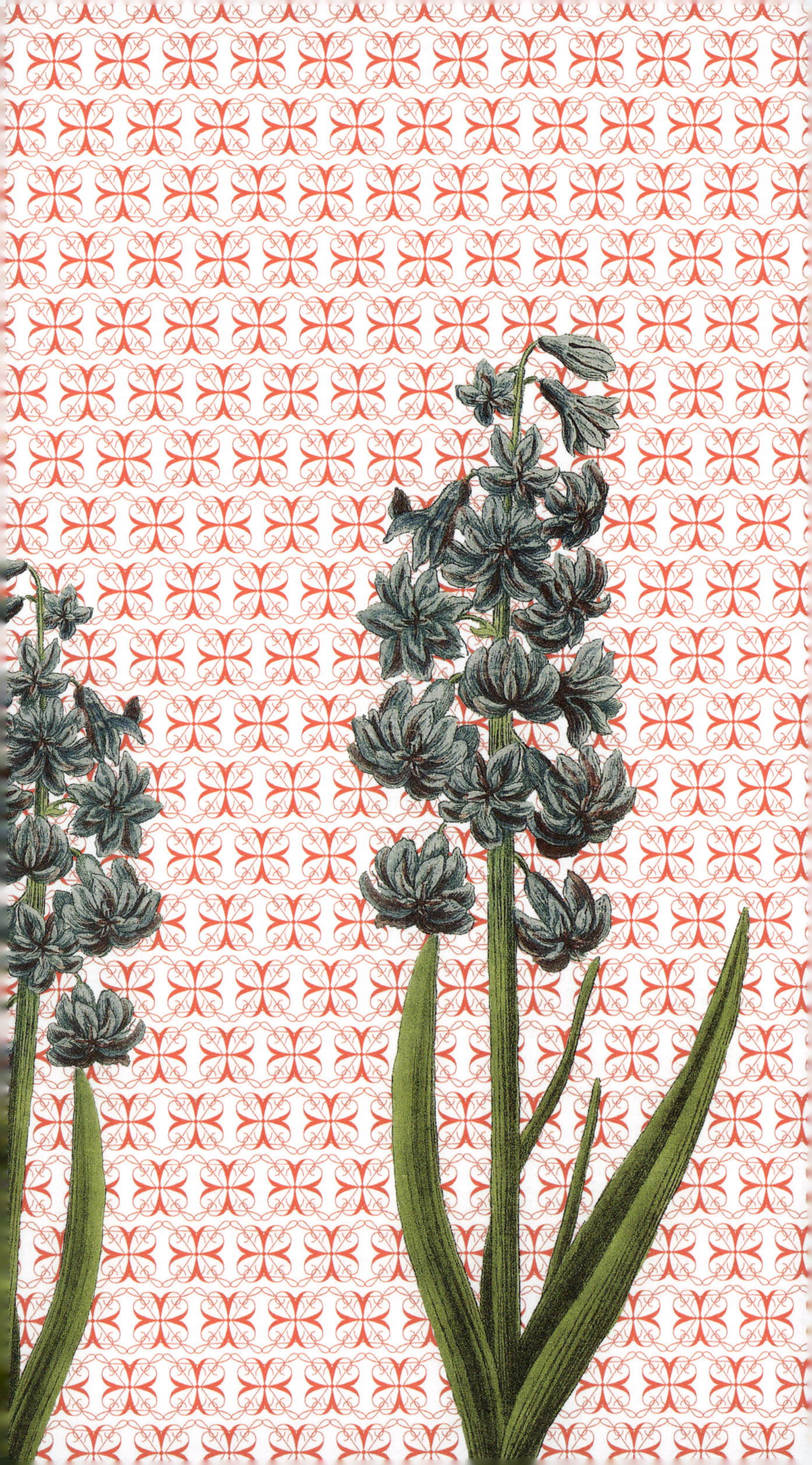

2

Zu Besuch bei
SUE HÉNON

IM ATELIER EINER BOTANISCHEN MALERIN

Sues farbenprächtige, realistisch wirkende Pflanzenporträts empfangen mich gleich am Eingang im Schaufenster ihres Ateliers. Als ich hineingehe, stehe ich in einem großen hellen Raum mit Arbeitstischen und Stühlen. An der Wand hängen weitere Blumenbilder. Einige Töpfe mit Yukka und Monstera schmücken den Raum. In einer Voliere kreischen zwei kleine Papageien. An den Tischen sitzen Schülerinnen, die sich über Rahmen, Farben und die Vorzüge unterschiedliche Maltechniken unterhalten. Sues eigentlicher Atelierraum befindet sich im hinteren Teil des Hauses. Besonders groß ist er nicht. An der Wand hängt ein Bild mit glänzend dunkelroten Kirschen, in denen sich das Selbstbildnis der Malerin spiegelt. „Eine moderne Interpretation der botanischen Malerei“, erklärt sie. Auf den Staffeleien hat sie mehrere Bilder gleichzeitig in Arbeit. Die großformatigen Tulpenbilder in Öl sind für eine 2017 geplante Ausstellung im Frankfurter Palmengarten bestimmt. Auf einem Zeichenbrett sehe ich eine mit Klebestreifen befestigte Buntstiftzeichnung mit zwei blauen Hyazinthen (→ABB. 2).

Mit Buntstiften arbeitet Sue am Liebsten. Erfunden wurden sie bereits im 19. Jahrhundert. Doch erst zu Beginn des 20. Jahrhunderts begann man, sie in einer für Künstler geeigneten Qualität herzustellen. Sie sind eine so junge Entwicklung, dass sie in den gängigen Handbüchern der künstlerischen Techniken gar nicht erwähnt werden. Beliebt sind Buntstifte vor allem bei Vertretern der angewandten Kunst, bei Illustratoren, bei Grafikdesignern oder Modezeichnern. Sie alle schätzen die unkomplizierte Handhabung, die Möglichkeit, sehr filigran und trotzdem schnell zu arbeiten. Auch bei Künstlern, die sich mit botanischen Themen beschäftigen, sind sie inzwischen häufiger anzutreffen. Der

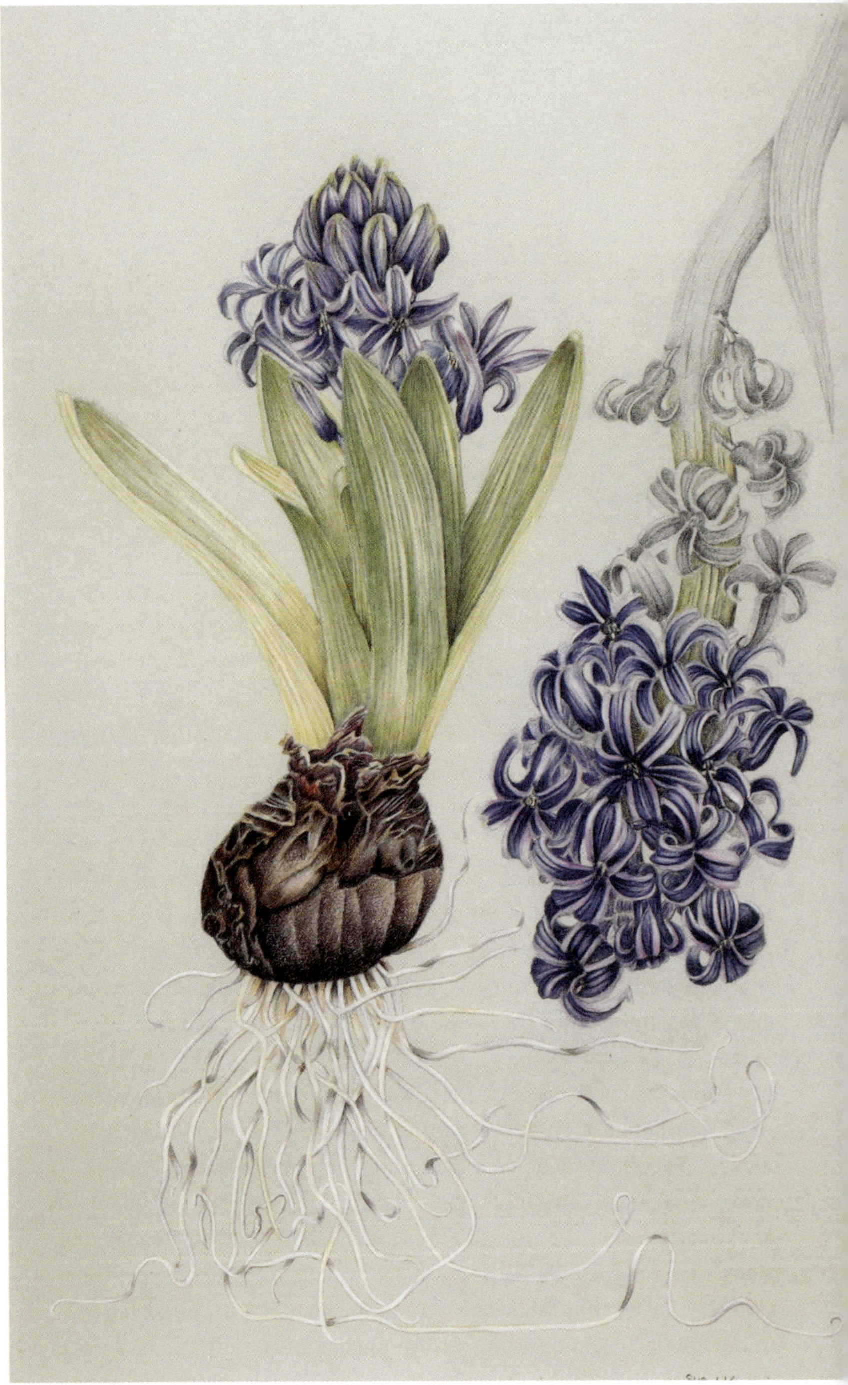

(ABB. 2) SUE HÉNON, Hyazinthe, Buntstift auf Papier

Farbreichtum und der einfache Gebrauch machen sie zu einer lohnenden Alternative zu den bisher hauptsächlich verwendeten Wasserfarben. Tatsächlich ist die Farbpalette für Buntstifte inzwischen sogar größer als die für Aquarell- oder Deckfarben.

Als ich Sue besuche, ist sie gerade im Begriff, Arbeiten für eine große Gruppenausstellung im spanischen San Sebastian vorzubereiten. Die Hyazinthen auf dem Zeichenbrett sind für eine Verkaufsausstellung der Society of Botanical Artists im Frankfurter Palmengarten bestimmt, deren Mitglied sie ist. Sue ist Engländerin, sie ist mit einem Franzosen verheiratet, hat Kunst studiert und sich als botanische Malerin einen Namen gemacht. Sie kann tatsächlich von ihrer Kunst leben. Ihre Werke sind auf internationalen Ausstellungen zu sehen, sie fertigt Zeichnungen für botanische Fachbücher an, arbeitet aber auch ohne Auftrag und verkauft ihre Bilder an Privatpersonen oder an Museen. Seit einigen Jahren betreibt sie gemeinsam mit ihrem Mann in Dieburg ein Atelier mit Malschule. Die Künstlerin ist gut beschäftigt. Es besteht ein großes Interesse an der Kunst der botanischen Malerei.

Auf Sues Bildern sehe ich Sonnenblumen und Blumenwiesen. Sie erzählen die uralten Geschichten von Ikarus, der sich mit seinen mit Wachs befestigten Flügeln zu nahe an die Sonne wagte und dann abstürzte, und von Persephone, die beim Blumenpflücken auf einer Wiese vom Gott Hades in die Unterwelt entführt wurde. Andere Werke zeigen Nahansichten einzelner Blüten oder die ganze Pflanze mit den botanischen Details. Auch auf der Hyazinthen-Zeichnung hat Sue die Einzelheiten der Pflanze naturgetreu wiedergegeben. Ihre Hyazinthe ordnet die Künstlerin in den Bereich botanische Illustration, während sie die erzählenden Bilder als „botanische Malerei" bezeichnet, die eher in Richtung der alten Blumenstillleben weise. Aber egal, welche Richtung Sue mit ihren Bildern einschlägt, eines ist sicher: Alle Pflanzen werden nach dem lebenden Modell gemalt. „Blumenbilder brauchen Zeit" sagt sie. Die Blüten welken schnell. Für die Hyazinthen etwa benötigte sie mehrfachen Nachschub und rechnet mit insgesamt zwei Wochen Arbeitszeit. Für seltenere Pflanzen muss die Künstlerin sich sogar bis zur nächsten Blüte gedulden. Ein Bild mit einer Papageientulpe hatte sie bereits im vergangenen Jahr begonnen und wartet seitdem auf neue Exemplare. Es ist für eine Ausstellung 2017 eingeplant. Je nach Blütezeit und Verfügbarkeit arbeitet die Künstlerin ein Jahr oder sogar noch länger an einem Bild. Die Aloe im Topf am Fenster wäre in dieser Hinsicht ein dankbareres Modell gewesen, da sie wesentlich länger haltbar ist als eine Blüte in der Vase. Pflanzen sind nun einmal sehr vergänglich. Ihre Modelle besorgt Sue sich im Blumenladen. Sie hat keinen Garten, nur einen Balkon, auf dem sie einige Pflanzen pflegt. Für einen Garten fehlt ihr schlicht die Zeit, sagt sie. Besonders seltenen Pflanzen reist Sue sogar hinterher. Für das Bild von einem arktischen Mohn hat sie etwa einen Ausflug nach München in den botanischen Garten gemacht. Dort skizziert und malt sie vor Ort im Park oder im Gewächshaus. Dabei erweisen sich die Buntstifte gerade auf Reisen als besonders bequem. Sie brauchen nicht viel Platz im Gepäck und lassen sich gut transportieren. Die Farbstifte müssen nicht trocknen und schmieren nicht. Auch Papierbögen sind in dieser Hinsicht praktischer als die sperrige Leinwand, für die man dazu noch eine Staffelei benötigt. Dennoch kann auch die Freiluftmalerei mit Buntstiften problematisch werden. In der feuchten Luft der Tropengewächshäuser nimmt das Papier die Feuchtigkeit auf und wellt sich. Und wenn die Bewässerungsanlage angestellt wird … Ich muss an die Malerin Marianne North denken, die Reisen in die tropischen Urwälder Südasiens unternommen hat. Fotos zeigen sie bei der Arbeit im Freien an der Staffelei mit Ölfarben (→VGL. ABB. 14 IM 7. KAPITEL). Wie oft mag sie von Gewittern, Sturm und Regen überrascht worden sein?

Im Atelier hat Sue die Arbeitsbedingungen besser unter Kontrolle. Dort ist auch die Hyazinthen-Zeichnung entstanden. Das Blatt zeigt zwei verschiedene Ansichten auf die Pflanze: Das Exemplar mit der Zwiebel ist in Untersicht gezeichnet. Das andere präsentiert eine Blüte mit Stängel mit Blick auf den oberen Teil der Blüte. Die Komposition geht vor, sagt Sue und meint damit, dass die Arbeit in erster Hinsicht ihren künstlerischen Ansprüchen genügen muss. Dennoch sollte sie auch mit dem Wachstum der Pflanze übereinstimmen. Manchmal fügt sie auf ihren Bildern Insekten hinzu. Die Tiere müssen aber zu den Pflanzen passen, sagt die Künstlerin. Wie Merian, denke ich. Vor jedem Bild macht Sue Kompositionsskizzen. Sie arbeitet mit unterschiedlichen Papieren, glatt oder rau, gerne auch gefärbt.

Für die die Hyazinthen hat sie ein blau-graues Papier mit einer feinen Struktur gewählt. Mit einem Bleistift hat sie die Komposition festgelegt, die Umrisse vorgezeichnet und mit einem blauen Farbstift nachgezogen. Rot, verschiedene Blautöne, Grün und Gelb werden in vielen Schichten übereinander gelegt. Sue versucht mit den Farbstiften Effekte wie in der Ölmalerei zu erzielen. Am Stängel der einen Hyazinthe ist der Weg von der Vorzeichnung bis zur farbigen Ausgestaltung nachzuvollziehen. Soweit die Theorie. Neugierig geworden, möchte ich nun selber versuchen, eine Pflanze abzuzeichnen und noch ein wenig mehr darüber lernen, wie das Zeichnen von Pflanzen eigentlich genau vor sich geht.

Mit mir sitzen acht Schülerinnern in Sues Lehratelier. Angemeldet haben wir uns für den Kurs „Botanisches Zeichnen". Alle Teilnehmerinnen sind weiblich, die meisten über 50 Jahre alt. Sue unterrichtet in diesem Kurs die zeichnerischen Grundlagen und farbiges Gestalten. Seh- und Zeichenübungen stehen auf dem Programm, und der korrekte Umgang mit den Buntstiften. Auf dem Pult stehen Töpfe mit Alpenveilchen.
Jede Teilnehmerin zwickt sich ein Blatt ab. Das sind unsere Modelle für die kommende Stunde. Wir sollen das einzelne Blatt in Originalgröße abzeichnen. Bevor wir loslegen, zeigt Sue uns am Beispiel eines gefalteten Blatt Papiers, wie sich Licht und Schatten im geöffneten und geschlossenen Zustand auf der Oberfläche verteilen, wo die Übergänge zwischen Hell und Dunkel angesiedelt sind. Dies ist wichtig, wenn es darum geht, ein Pflanzenblatt korrekt darzustellen, Volumen und Räumlichkeit zu erzeugen. Sue rät uns, im Zweifelsfall bei der Arbeit an der Pflanze noch einmal auf das Papier schauen, um uns zu vergewissern, wo die Grenzen des Helldunkels liegen. Auf einem gemusterten Alpenveilchenblatt ist das nicht immer leicht zu erkennen. Für die genaue Betrachtung der Details stehen Lupen zu Verfügung. Die Verteilung von Licht und Schatten, die perspektivischen Verkürzungen, die entstehen, wenn sich das Blatt einrollt, unterschiedliche Ansichten und die Proportionen, all das gilt es bei der Arbeit zu beachten. Ich stelle fest, dass die Kursteilnehmerinnen unterschiedlich weit fortgeschritten sind. Einige arbeiten bereits mit Farben, während andere noch mit dem Umriss beschäftigt sind. Manche haben ihre Zeichnungen auf kleinen Tischstaffeleien gesetzt, andere legen sie flach auf den Tisch.
Ich übe das Zeichnen kleiner schwungvoller Kreise mit dem Bleistift. Sue zeigt mir, wie ich den Stift korrekt halte und die Spitze aufsetzen muss. Sie erklärt, dass ich den Bleistift mit einem Federmesser unablässig nachspitzen muss. Das Messer soll ich in der einen Hand halten, während ich mit der anderen zeichne. Vom vielen Anspitzen werden die Stifte bald kurz. Um sie besser in der Hand halten zu können, werden sie in spezielle Halter gesteckt. Als Kunsthistorikerin weiß ich, dass Künstler bereits in früheren Jahrhunderten ihre Kreide-, Rötel- und Kohlestücke in solche Kreidehalter gesteckt haben. Sue empfiehlt mir auch, unter meine Zeichenhand ein Blatt Papier zu legen, um die Zeichnung vor Fett, Schmutz und Feuchtigkeit zu schützen. Meine Aufgabe in dieser Stunde besteht darin, den Umriss des Blatts zu zeichnen, die Äderchen und Zacken darin mit einem blauen Buntstift heraus stellen. Ich soll die Verteilung von Licht

und Schatten genau beobachten, die Schatten mit Rot und Blau andeuten und mit einem Grünton nacharbeiten. Ganz schön viel für eine Stunde. Natürlich werde ich nicht fertig. Einige andere Teilnehmerinnen arbeiten bereits mit Farben und diskutieren die Vorteile von Chromoxidgrün.
In der nächsten Stunde ist mein Modell von der letzten Woche verwelkt. Ich suche aus den Alpenveilchentöpfen ein frisches Blatt, das in Form und Größe dem vorherigen ähnlich sieht. Sue sagt, ich soll das Bleistiftanspitzen nicht vergessen und beim Zeichnen den Druck variieren. Das ist alles schon schwer genug. Außerdem soll ich das Blatt im Umriss erfassen, die Äderchen mit einem Elfenbeinton füllen und ganz wichtig: Licht und Schatten herausarbeiten. Mit Neid sehe ich, dass die Nachbarinnen bereits schöne, perspektivisch interessante Blätter gezeichnet haben. Sue tröstet mich: Diese Schülerinnen sind bereits seit längerer Zeit dabei. Immer wieder fordert Sue mich auf, Fragen zu stellen: Was sehe ich eigentlich? Gibt es perspektivische Verkürzungen? Welche Form haben die Konturen? Wo kann ich Bewegung im Blatt feststellen? Wo befinden sich die Schatten, das Licht, die Übergänge? Ich lerne, dass sich die hellen Äderchen der Alpenveilchenblätter offenbar ähneln und dass ich deshalb mit dem neuen Blatt-Modell problemlos weiter arbeiten kann. Jedoch habe ich nun einen anderen perspektivischen Blick auf das Blatt. Licht, Schatten und Verkürzungen sehen anders aus. Sue sagt, ich soll improvisieren. Immerhin klappt das kreisende Schraffieren schon besser als beim letzten Mal. Sue geht an jeden Arbeitstisch und korrigiert jede Schülerin sehr ausführlich und beantwortet die Fragen. Nachdem ich die Schatten in Indigoblau angelegt habe, darf ich nun mit Rot weiter arbeiten. Violett, Chromoxidgrün und helles Grün sollen später folgen. Bis zu zwanzig Schichten Buntstift können auf eine Blattzeichnung aufgetragen werden, um den blatt-typischen Glanz zu erzeugen. Am Ende der Stunde sieht meine Zeichnung gar nicht so schlecht aus.
Zufrieden stecke ich die Zeichnung ein. Als ich im Zug sitze, denke ich über die beiden Zeichenstunden noch einmal nach. Ganz klar: Botanisches Zeichnen ist ein anspruchsvolles Handwerk, das ein scharfes Auge, viel Zeit, Übung und noch mehr Geduld verlangt. Sitzen vielleicht deshalb im Kurs ausschließlich Frauen? Frauen sagt man ja gerne nach, dass sie für derartige Feinarbeiten besonders begabt sind. Tatsächlich ist ja die Lehrerin ist weiblich und ich als neugierige Schreiberin natürlich auch. Ebenso werden Klubs und Vereine, die sich mit Blumen und Gärten beschäftigen, meist von Frauen zusammengehalten, die auch den überwiegenden Anteil der Mitglieder darstellen. Die Lektorin meines Verlages weiß, dass Bücher mit Gartenthemen hauptsächlich von einem weiblichen Publikum

gekauft werden. Geschrieben werden diese Bücher zum überwiegenden Teil ebenfalls von Frauen. Dennoch sind viele Männer, die sich mit Floras Reich beschäftigt haben, berühmter geworden als die meisten Frauen. Pieter Brueghel und seine Blumensträuße fallen mir ein oder Georg Flegel oder Zeichner, die die Funde auf den großen Forschungsexpeditionen dokumentiert haben. Georg Foster etwa, Alexander von Humboldt oder Charles Darwin. Edouard Manet und Vincent Van Gogh oder Rainer Fetting haben wunderschöne Blumenstillleben gemalt. Und dennoch bin ich davon überzeugt, dass die Beschäftigung mit den Pflanzen weiterhin auch ein privilegiertes Reich für Malerinnen ist.
Später im Jahr besuche ich die Ausstellung der Society of Botanical Artists im Frankfurter Palmengarten und finde meine Ansicht bestätigt. Hier begegne ich auch Sues Hyazinthen-Zeichnung wieder.

BOTANISCHE MALEREI IM PALMENGARTEN

„Heil- und Giftpflanzen. Botanische Malerei im Palmengarten“ heißt die Ausstellung, die in der Galerie des Frankfurter Botanischen Gartens, des Palmengartens, zu sehen ist. Die Ausstellungsgalerie grenzt direkt an das große Palmengewächshaus aus dem 19. Jahrhundert. Unter dem Glasdach ist es an dem trüben Novembertag hell und freundlich. Ein wunderschöner Ort, um Pflanzenbilder auszustellen. Sue finde ich am Zeichenbrett. Sie arbeitet an einem Bild mit einem rot blühenden Christusdorn. Ihre Arbeitsutensilien hat sie inmitten der Ausstellung aufgebaut, so dass ihr jeder bei der Arbeit zuschauen und sie die Fragen des Publikums beantworten kann.
Ein Blick auf die Künstlernamen unter den ausgestellten Werken scheinen meine Einschätzung zu bestätigen: Die meisten der hier gezeigten Bilder wurden von Frauen geschaffen. Sue sagt, dass die allermeisten Mitglieder der Society of Botanical Arts, die hier ja ausstellen, weiblich sind. Sogar das Publikum an diesem Vormittag besteht bis auf ganz wenige Ausnahmen aus Frauen.
Sue erklärt mir, dass die Society of Botanical Artists 1985 in der Absicht gegründet wurde, namhaften botanischen Künstlerinnen und Künstlern ein Forum zu bieten, um den Erhalt und die Weiterentwicklung des Zusammenspiels zwischen Kunst und Wissenschaften zu fördern. Die rund 200 gewählten Vollmitglieder werden mit Preisen ausgezeichnet und genießen die Anerkennung aller botanisch interessierten Einrichtungen. Die Society of Botanical Artists ist international aktiv, ihre Mitglieder kommen aus aller Welt: aus Japan, Großbritannien, USA,

Kanada, Australien oder Neuseeland. Sie arbeiten im Auftrag von botanischen Gärten, für öffentliche Einrichtungen oder für Privatleute. Die Gesellschaft veranstaltet für ihre Mitglieder jährliche Ausstellungen in London, aber auch anderswo in Großbritannien und sogar im Ausland wie eben in Frankfurt.
Die Bilder in der Galerie des Palmengartens hängen an weißen Stellwänden, jedes wird einzeln beleuchtet. Die allermeisten ausgestellten Bilder sind Arbeiten auf Papier. Nur wenige Leinwandbilder in Öl oder Acryl befinden sich darunter. Eine einzige Arbeit konnte ich entdecken, die auf Vellum, also auf Pergament gemalt wurde. Pergament meint in diesem Zusammenhang kein Papier, sondern eine speziell präparierte Tierhaut. Die feste und glatte Oberfläche, der feine, mattgelbe Farbton des Pergaments bieten einen hervorragenden Grund für die feinmalerische Technik und erinnern einmal mehr daran, dass das Handwerk der botanischen Kunst auf eine lange Geschichte zurückblicken kann, die bis ins Mittelalter und weiter zurück weist. Ich sehe einige Bleistift- und Federzeichnungen, viele Aquarelle oder Gouachen, also deckende, wasserlösliche Farben, und einige Arbeiten mit Buntstiften. Auch wenn bestimmte Motive wie Mohnblumen oder Lilien öfters vorkommen, unterscheiden die Bilder sich deutlich in Stil und Technik. Ich finde die Bilder durchweg ästhetisch ansprechend und handwerklich auf hohem Niveau. Die Anleihen bei alten Meistern sind nicht zu übersehen. So sehe ich auf vielen Bildern kleine Insekten, wie sie schon Maria Sibylla Merian und die unbekannten Meister der mittelalterlichen Stundenbücher ihren Pflanzenbildern hinzugefügt haben: Schmetterlinge, Hummeln, Schwebfliegen und sogar Kolibris sind auf den Bildern zu entdecken. Japanische Vorbilder, Anlehnungen an die Meister der Renaissance oder an die berühmte Marianne North sind ebenfalls nicht zu übersehen. Alle Arbeiten sind signiert. Es verwundert nicht, dass viele der ausgestellten Bilder bereits verkauft sind. Auch die botanischen Illustrationen haben Interessenten gefunden. Sie werden hier ebenfalls als Kunstwerke ausgestellt und nicht als Illustrationen für Bücher oder Fachartikel. Wie Sues eigene Arbeiten wechseln die Darstellungen der anderen Teilnehmer zwischen wissenschaftlicher Illustration und dekorativer Malerei. Die Künstlerinnen und Künstler haben sich meist spezialisiert und orientieren sich an den Wünschen ihrer Kunden. So sind die konservativ anmutende Blumenbouquets einer Malerin besonders in den arabischen Emiraten sehr begehrt. Eine andere Zeichnerin hat bereits 75 Bücher illustriert.
Die ausgestellten Bilder zeigen Pflanzengruppen, einzelne Exemplare

oder einzelne Blüten, Blätter, Zweige oder Früchte. Kohlköpfe, keimende Kartoffeln, Knoblauchknollen, Zwiebeln, Äpfel und Pflaumen sind vertreten. Den größten Anteil nehmen aber die blühenden Pflanzen ein. Die ganze Pflanze mit ihren unterirdischen Teilen, mit Wurzeln und Knollen, kleine oder große Formate ... Nur wenige Werke zeigen einen dunklen Hintergrund oder binden die Pflanze in ihren natürlichen Lebensraum ein. Die allermeisten Arbeiten sind auf hellen oder weißen Grund gemalt. Sues inzwischen fertiggestellte Hyazinthen sind auch darunter. Sue hat sie neben einem weiteren Hyazinthenbild platziert (→ABB. 3), das einen Schnitt durch die Zwiebel zeigt und einen Blütenstängel von der Seite. An einer anderen Stellwand zeigt sie mir ihr Bild mit den Früchten der Rosskastanie, einem welken Kastanienblatt und eine kleinen Darstellung des gesamten Baums ohne Blätter. Außerdem stellt sie ein Bild einer tropischen Kletterpflanze aus, der leuchtend rot blühenden Gloriosa superba oder Ruhmeskrone.

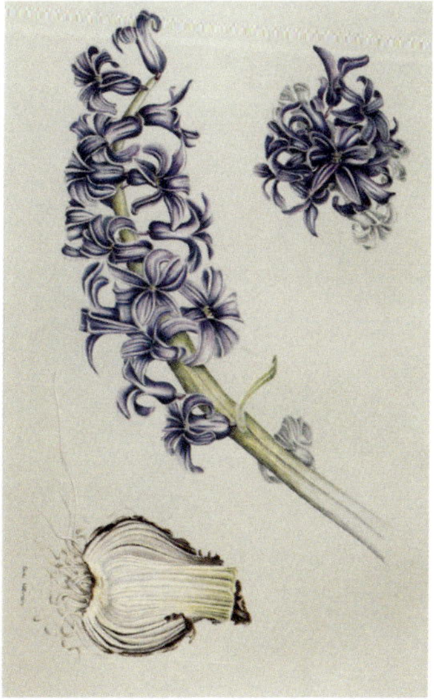

(ABB. 3) SUE HÉNON, Hyazinthe, Buntstift auf Papier

Sues Hyazinthen haben ebenfalls bereits einen Käufer gefunden. Die ausgestellten Bilder werden überwiegend von Menschen gekauft, die die präzise Technik, detailgenaue Wiedergabe der Gewächse zu schätzen wissen, die ein gewisses Interesse an der Welt der Pflanzen, einige botanische Kenntnisse und vielleicht auch eine Leidenschaft für Gärten mitbringen. Immerhin findet die Ausstellung ja auch in einem botanischen Garten in unmittelbarer Nachbarschaft von schönen und fremdartigen Gewächsen statt. Sue und ihre Kollegen malen und zeichnen ihre Bilder für ein Publikum von Kennern und Liebhabern, das sich an den naturnahen Details der Darstellungen ebenso erfreuen kann wie an der Kunst der Malerinnen und Maler und an der Schönheit der dargestellten Pflanzen.

Tatsächlich hat diese enge Beziehung zwischen Pflanzenmalern und Publikum eine sehr lange Tradition. Wie weit diese Tradition zurückreicht, belegt ein ganz besonderes Gebetbuch aus dem Besitz der Königin von Frankreich, um das es im folgenden Kapitel gehen soll.

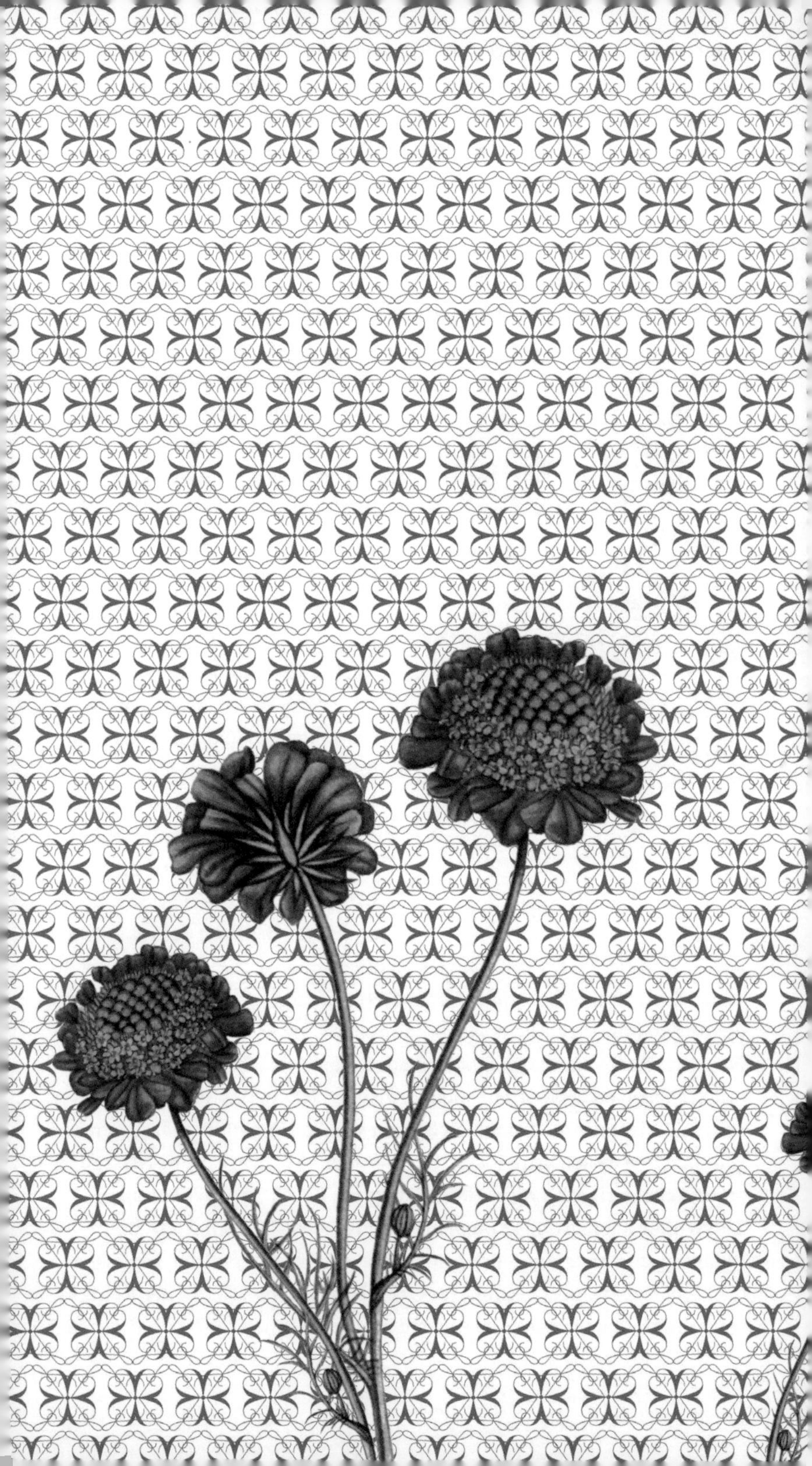

3

Die Grandes Heures
DER ANNE DE BRETAGNE
DIE KÖNIGIN VON FRANKREICH BESTELLT EIN BUCH

Im Hintergrund ragen die Türme einer Burg in den Himmel (→ABB. 4). *Davor liegt, von einer hohen Mauer umgeben, ein Garten. Eine Hecke aus roten und weiße Rosen und eine Rasenbank rahmen die Wiese in der Mitte, auf der sich drei Frauen vergnügen. Die eine pflückt Rosen, eine andere bringt Blüten in einem Korb zu der dunkelrot gekleideten Dame, die es sich auf dem Rasen bequem gemacht hat und die Rosenblüten zu einem Kranz bindet. Diese Frau scheint etwas größer sein als die kniende Person vor ihr und hat individuellere Gesichtszüge. Tatsächlich handelt es sich bei der Dame in Rot um Herzogin Anne de Bretagne, Königin von Frankreich (1477–1514). Anne war mit König Charles VIII. verheiratet und ehelichte nach dessen Tod König Louis XII. Garten und Schloss im Hintergrund dürften demnach ihr gehören, die beiden anderen Frauen sind ihre Hofdamen.*

EIN KÖNIGLICHES STUNDENBUCH

Das Bild der Königin mit ihren Hofdamen im Garten befindet sich auf den ersten Seiten einer kostbar ausgemalten Handschrift, die unter der Bezeichnung „Grandes Heures der Königin Anne de Bretagne“ in der Bibliothèque nationale in Paris gehütet wird. Die Gartenszene ist Teil einer Kalenderseite, auf der die Festtage der Kirche und der Heiligen für den Monat April verzeichnet sind. Darüber wölbt sich das in Blau und Gold gestaltete Sternzeichen Stier. In der Handschrift ist die Königin noch mit einem weiteren Porträt vertreten, das sie beim Beten unter dem Schutz ihrer Namensheiligen zeigt.

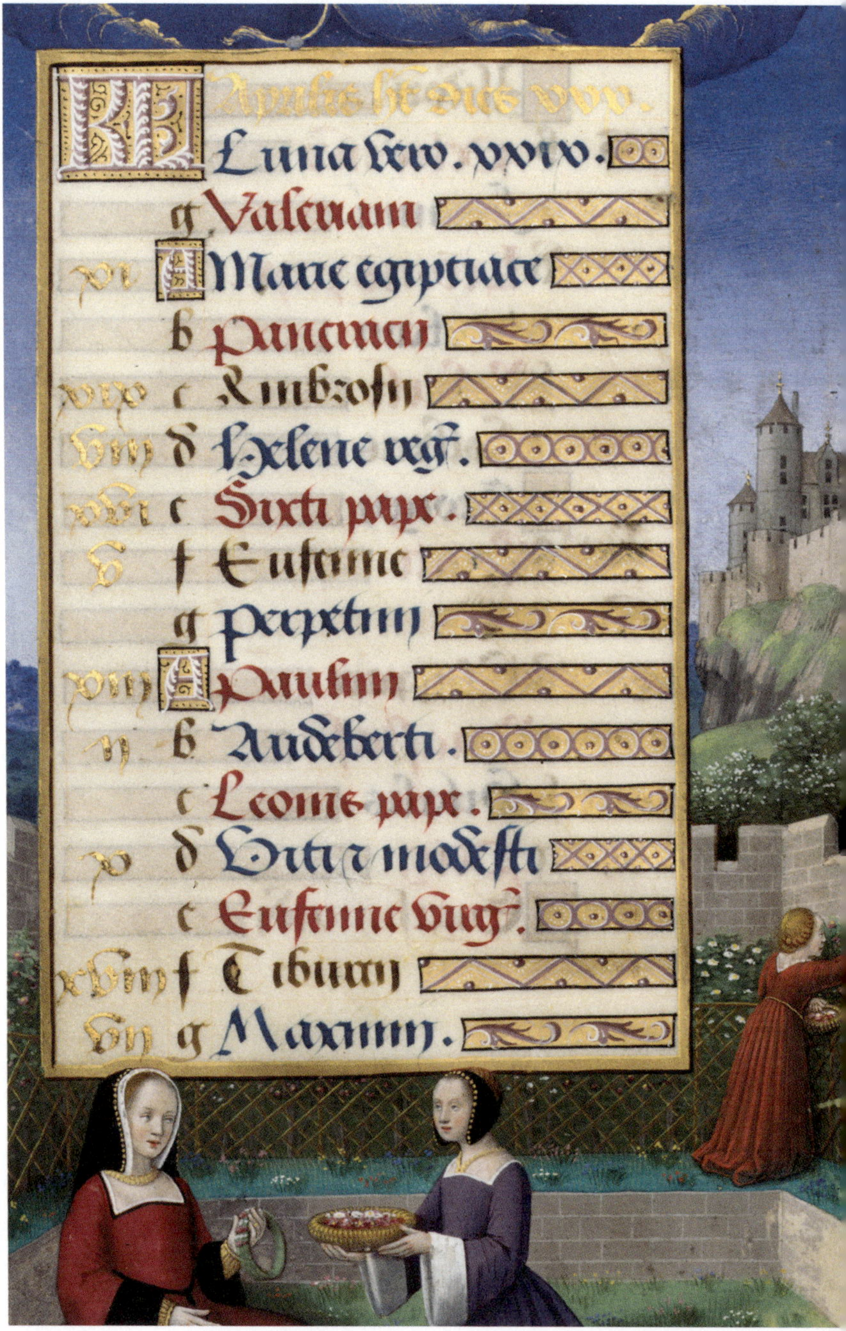

(ABB. 4) DER MONAT APRIL, aus: Jean Bourdichon, Grandes Heures der Anne de Bretagne, Paris, Bibliothèque nationale de France, Ms. Latin 9474, fol. 7r

Die Grandes Heures sind ein sogenanntes „Stundenbuch“, ein Gebetbuch, das im späten Mittelalter von Laien verwendet wurde, also von Personen, die kein kirchliches Amt bekleideten oder einem Kloster angehörten. Die Bezeichnung entwickelte sich aus den acht klösterlichen Gebetszeiten, an die sich Mönche, Nonnen und Priester hielten. Daraus entstand die abgekürzte Bezeichnung Horae oder Heures (lateinisch und französisch für „Stunden“) für das gesamte Buch. Solche von Hand geschriebenen und gemalten Stundenbücher waren kostbare Einzelstücke. Sie wurden meist in Schreibwerkstätten bestellt, in denen das gesamte Buch in Absprache mit dem Auftraggeber geplant, geschrieben, bemalt und gebunden wurde. Anne hat sich als Königin von Frankreich für ihren Auftrag jedoch nicht an eine Schreibwerkstatt gewandt. Sie hat ihr Buch bei dem am Königshof beschäftigten Künstler Jean Bourdichon (ca. 1457–1521) bestellt. Das wissen wir, weil sich eine auf 1507 datierte Zahlungsanweisung mit Bourdichons Namen erhalten hat, die aber erst lange nach Annes Tod eingelöst wurde.

Bourdichons Buch mit den beiden Bildnissen seiner Auftraggeberin gilt als eines der berühmtesten und kostbarsten Stundenbücher überhaupt. Geschrieben und gestaltet wurde es in einer Zeit, in der Historiker den Übergang vom späten Mittelalter zur Renaissance sehen. Dieser Übergang ist auch im Buch und den Bildern sichtbar. Dass es überhaupt noch von Hand auf Pergament, also speziell präparierte Tierhaut, geschrieben und gemalt wurde, obwohl Papier und Buchdruck in dieser Zeit schon verbreitet waren, lässt erahnen, dass es sich bei diesem Werk um etwas ganz Besonderes handeln muss. Auf dem ersten Blick fällt die atemberaubend schöne Malerei ins Auge: Leuchtendes Gold und Blau und realistisch gemalte Landschaften auf zartfarbigem und sorgfältig präpariertem Pergament bestimmen die Kalenderseiten. Goldgrund, prächtige Farben und perspektivische Effekte zeichnen auch alle anderen Buchseiten aus. Berühmt geworden ist dieses Buch jedoch nicht zuletzt wegen seiner Pflanzendarstellungen: Auf 238 Seiten sind mehr als 330 verschiedene Pflanzen abgebildet und mit ihren lateinischen und französischen Namen beschriftet. Käfer, Schmetterlinge und andere Insekten; Schnecken, Spinnen und sogar Schildkröten, Frösche und Affen beleben die Miniaturen. Der Begriff Miniatur ist jedoch kein Hinweis auf die Größe der Darstellungen, sondern leitet sich von dem Wort „minium“ ab, der lateinischen Bezeichnung für den roten Farbstoff Mennige, der von den Schreibern und Malern verwendet wurde.

Eine Seite in den Grandes Heures wird von den Zweigen, Früchten und Blüten des Granatapfelstrauchs gerahmt (→ABB. 5). Früchte und Blüten sind in verschiedenen Stadien des Wachstums und Verfalls dargestellt. Käfer, eine Spinne, ein Schmetterling, eine Fliege, eine Raupe und eine Schnecke haben sich dazwischen versteckt. Sie alle werfen ihre Schlagschatten auf das goldgrundierte Pergament. Die überaus kunstvolle Feinmalerei, die Gestaltung in Licht und Schatten und die perspektivischen Verkürzungen erwecken den Eindruck, als würden Tiere, Blüten und Früchte aus dem Buch heraustreten, während eine Raupe an den Granatapfelkernen nascht und eine Schnecke an den Blättern frisst. Illusionistische Effekte und eine naturnahe Darstellungsweise zeichnen die gesamte Handschrift aus. Derart bestaunenswerte Pflanzenbilder in einem Buch, das gegen Ende des Mittelalters von einer Frau beauftragt wurde, werfen viele Fragen auf: Gibt es etwa eine Verbindung zwischen den Pflanzenbildern und den Interessen der Auftraggeberin? Was haben derartige Miniaturen überhaupt in einem Gebetbuch zu suchen? Handelt es sich um dekorativen Schmuck oder sind vielleicht bereits Darstellungen in der Art einer naturkundlichen Handschrift gemeint? Das sind Fragen, die in der Forschung seit langem diskutiert werden. Zu einem schlüssigen Ergebnis ist man bisher jedoch nicht gekommen. Einige Vermutungen lassen sich aber dennoch anstellen, wenn man Annes Buch noch einmal etwas genauer betrachtet und mit anderen Werken aus dieser Zeit vergleicht. Denn so ganz aus dem Nichts hat der Hofkünstler Jean Bourdichon die Bilder in diesem Buch nicht geschaffen.

Als Bourdichon an den Grandes Heures arbeitete, wurden in Gent und Brügge bereits seit Längerem Stundenbücher hergestellt, die wie die Grandes Heures verschwenderisch mit Rosenblüten, Lilien, Nelken oder Schwertlilien, Veilchen, Erdbeeren und Akeleien dekoriert sind, alle ebenso lebensecht wiedergegeben wie bei Bourdichon. Die Blumen schmücken die Ränder der Buchseiten als sogenannte Bordüren und sind mit symbolischen Bedeutungen aufgeladen. Sie stehen für die Eigenschaften Mariens und der Heiligen, die in den Gebeten angesprochen werden sollen. Reinheit, Bescheidenheit, die durchlittenen Schmerzen oder der Rang als Märtyrer werden damit angedeutet. Auch in Bourdichons Buch lassen sich die Pflanzenbilder in den Bordüren auf Gebete und Abschnitte aus Heiligenlegenden und dem Neuen Testament beziehen. Rosen- und Lilienblüten etwa begleiten als typische Symbolpflanzen der Gottesmutter Mariengebete und ganzseitige Darstellungen der Heiligen Familie. Auch Schwertlilien, Nelken und Akelei werden mit Maria in Verbindung gebracht. Ebenso lassen sich die Granatäpfel sich in das symbolische Universum der Stundenbücher einfügen.

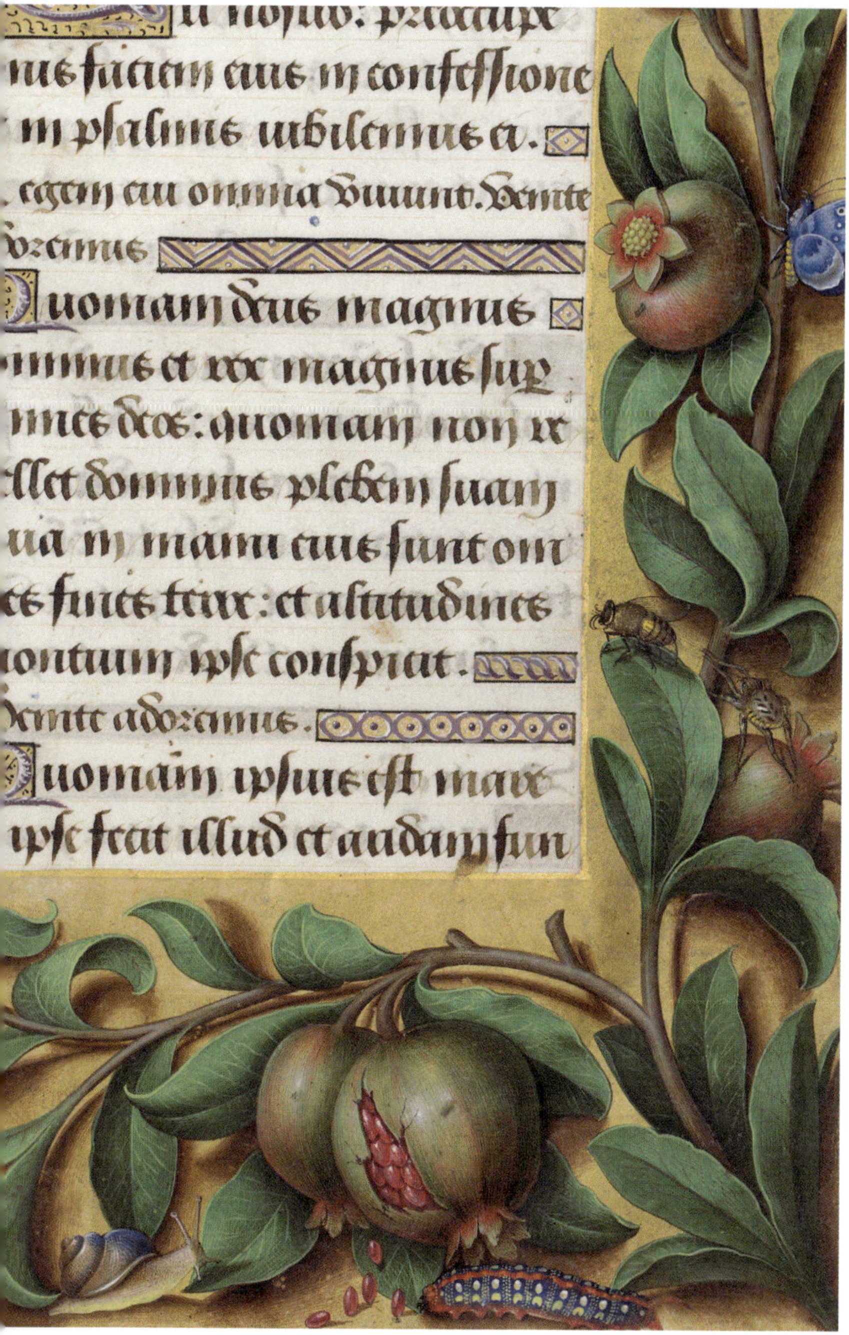

(ABB. 5) GRANATÄPFEL, Jean Bourdichon, Grandes Heures der Anne de Bretagne, Paris, Bibliothèque nationale de France, Ms. Latin 9474, fol. 120r

GRANATÄPFEL

Auf Altar- und Andachtsbildern der Zeit ersetzen Granatäpfel manchmal den gewöhnlichen Apfel als Symbol des Sündenfalls. Das Jesuskind hält dann etwa auf Marias Schoß aufgeplatzte Granatäpfel in der Hand. Die roten Kerne verweisen auf das Blut Christi und auf die Erlösung der Menschheit. Symbolisch erinnern Granatäpfel wie die anderen Äpfel daran, dass mit dem Sündenfall der Tod in die Welt kam und die Menschen sterblich wurden. Der Granatapfel mit seinen Kernen am unteren Seitenrand und die nagenden Tiere weisen zudem darauf hin, dass alles Lebendige und die ganze irdische Welt dem Verfall preisgegeben ist. Gewiss kannten Bourdichon und Anne den Mythos von dem Mädchen Persephone, das beim Blumenpflücken von Hades, dem Gott der Unterwelt, entführt wurde. Hades gab ihr in seinem Reich die Kerne des Granatapfels zu essen. Die Götter bestimmten darauf hin, dass Persephone einen Teil des Jahres in der Unterwelt leben sollte. In dieser Zeit herrschte Winter auf der Erde. Erst wenn Persephone das Totenreich verließ, kehrte der Frühling zurück. Zweige, Blüten und Früchte des Granatapfels rahmen in Annes Stundenbuch die Totengebete, die zur Totenwache in der Nacht vor der Beerdigung gesprochen wurden. Vor dem Hintergrund der christlichen und heidnischen Geschichten um Tod, Erlösung und Neuanfang scheinen die Granatapfelzweige als Dekoration für die Totengebete sehr passend ausgewählt.

DIE PFLANZENWELT DER GRANDES HEURES

Viele andere Pflanzenbilder in den Grandes Heures haben mit den Texten oder mit den figürlichen Darstellungen hingegen nichts zu tun. Annes Porträt im Garten etwa hat Bourdichon die blauviolett blühende Ackerskabiose oder Ackerwitwenblume (*Knautia arvensis*) gegenübergestellt, die im Buch als „Cephagrossum“ und „Grousse teste“ bezeichnet wird. Es handelt sich um einer häufig vorkommende Wiesenpflanze mit mäßigen Heilkräften, ohne symbolische Beziehungen zum gegenüber dargestellten Burggarten oder den abgebildeten Damen. Auf vielen Seiten der Grandes Heures finden wir Wildkräuter, Heilpflanzen, Getreide, Obst, Gemüse, Gartenpflanzen und Exoten wild durcheinander, viele davon ohne symbolische Bedeutungen. Sogar Farne und Wasserpflanzen sind abgebildet. Abgesehen von gelegentlichen Bezügen zu einzelnen Gebeten oder Heiligengeschichten scheinen Auswahl und Positionierung der Bilder keiner weiteren erkennbaren Systematik zu

folgen, auch wenn manchmal verschiedene Getreidearten oder Obstgehölze direkt hintereinander dargestellt sind, was an die Ordnung einer wissenschaftlich ausgerichteten Handschrift denken lässt.
Das Fehlen einer übergeordneten Systematik haben die Grandes Heures mit den Randillustrationen der flämischen Stundenbücher gemeinsam. Ebenso die verspielt wirkenden Darstellungen von kleinen Tieren, Insekten, Schildkröten und sogar Affen, die Zweige und Blätter der Gewächse bevölkern. Die Affen sind im Verhältnis zu den dargestellten Ästen viel zu klein geraten, das gilt auch für die Schildkröten, die sich unter Minzestängeln und Ringelblumen versteckt haben. Und so detailliert Käfer, Schmetterlinge oder Fliegen im Einzelnen auch gemalt sein mögen, in manchen Fällen färbte Bourdichon einen Marienkäfer, eine Nelke oder ein Schneeglöckchen blau ein. An diesen Stellen zeigt sich, dass Bourdichon im Zweifelsfall eher wie ein Künstler dachte und malte und nicht als Illustrator einer naturkundlichen Handschrift handelte.
Dennoch unterscheiden sich Bourdichons Miniaturen in wesentlichen Punkten von den flämischen Vorbildern: Im Unterschied zu den meisten Stundenbüchern, deren Bilderreichtum gegen Ende abnimmt oder die ohnehin nur mit wenigen aufwändig geschmückten Seiten ausgestattet sind, hat Bourdichon sein Werk von der ersten bis zur letzten Seite mit der gleichen Sorgfalt ausgestaltet. Geld und Zeit spielten bei diesem Auftrag offenbar keine Rolle. An Stelle des bunten Durcheinanders verschiedener Blüten in den flämischen Handschriften hat Bourdichon auf jeder Seite nur eine Art als ganze Pflanze präzise mit Blättern, Stängeln, Ästen, Früchten und Blüten wiedergegeben. Bei einigen Gewächsen wie der Zwiebel oder dem Knoblauch hat er noch die unterirdischen Knollen und Zwiebeln mit abgebildet. So sind es die außergewöhnliche Vielfalt der vollständig mit Blüten, Blättern und Knospen wiedergegebenen Gewächse und deren lateinischen und französischen Bezeichnungen, die dieses Buch aus der Produktion der Stundenbücher dieser Zeit herausheben.

STATUSSYMBOL

Über die privaten Interessen der Buchbesitzerin Anne de Bretagne wissen wir nicht sehr viel. Deshalb ist es nicht ganz einfach, Handschrift und Person aufeinander zu beziehen. Gewiss war sie jedoch eine sehr fromme Frau, die sich auf den ersten Seiten der Grandes Heures unter dem Schutz ihrer Heiligen porträtieren ließ. Zudem gab sie noch weitere Stundenbücher bei anderen Künstlern in Auftrag. Diese Bücher bevorzugte sie im Alltag sogar, verwendete sie für die täglichen Gebete und trug sie auf

ihren Reisen bei sich. Für den Alltag waren die Grandes Heures mit ihren 30 cm x 19 cm sehr wahrscheinlich zu mächtig und zu schwer. Forscher vermuten daher, dass das Buch in einer Kapelle aufbewahrt wurde.
Im Allgemeinen waren Stundenbücher klein und zierlich. Denn Gebetbücher sollten ihre Besitzer durch den Alltag begleiten, wofür sich kleine Formate besser eignen. Zumal die damaligen Bücher in Holzdeckel mit metallenen Schließen eingebunden waren, so dass bereits kleine Bücher recht schwer waren. Handgeschriebene und bemalte Bücher waren zudem sehr teuer. Nicht nur Maler, Schreiber und Buchbinder mussten bezahlt werden, sondern auch die Farben oder das Blattgold. Am teuersten war jedoch das aus Tierhäuten hergestellte Pergament. Kleinere Bücher kosteten – vom Pergament her gesehen – weniger, obwohl sich auch ein kleines handgeschriebenes und -gemaltes Buch nur wenige Menschen leisten konnten. Handgearbeitete Stundenbücher waren für die Menschen im Spätmittelalter Statussymbole. Mit ihnen konnten ihre Besitzer Reichtum, Kunstgeschmack und Frömmigkeit gleichermaßen zur Schau stellen. Reiche Bürger wollten sie ebenso besitzen wie der Adel und die Herrscherhäuser. Das Sammeln und Vorzeigen von verschwenderisch ausgestatteten Stundenbüchern war unter den europäischen Fürstenfamilien des 15. und 16. Jahrhunderts eine verbreitete Liebhaberei, mit der man sich in Kunstfertigkeit, Ausstattung, Gold, Farben und Formaten zu übertreffen versuchte. Viele Besitzer und Sammlern von Stundenbüchern waren Frauen. Zahlreiche Stundenbücher lassen sich mit den Namen von Fürstinnen verknüpfen. Bräute erhielten Stundenbücher als Hochzeitsgeschenke, Stundenbücher wurden an Frauen vererbt und wie im Fall der Grandes Heures geschehen, wurden sie auch von Frauen beauftragt und bezahlt.
Format, verwendete Materialien, Ausstattung, die Qualität der Malerei und vor allem die Pflanzenbilder heben die Grandes Heures aus der üblichen gewerblichen Produktion heraus. Sie machen die Grandes Heures selbst nach königlichen Maßstäben zu einer außergewöhnlich kostbaren und exklusiven Handschrift, wie sie tatsächlich nur eine Person beauftragen konnte, die über ein großes persönliches Vermögen verfügte. Anne konnte mit diesem Buch ihren Kunstsinn und ihre Frömmigkeit beweisen, ihre Macht und ihren persönlichen Reichtum.
Dass in dem Buch tatsächlich gelesen oder wenigstens geblättert wurde, darauf verweisen die Gebrauchsspuren auf einigen Seiten. Auf Annes Gartenporträt etwa ist die Malerei beschädigt. Die Farbe ist genau an der Stelle abgeblättert, an der man die Seite umblättern würde. Vielleicht hat Anne diese Seite besonders gerne aufgeschlagen, um ihr Porträt zu

Liebe Leserin, lieber Leser,
gerne informieren wir Sie künftig über unsere Neuerscheinungen. Teilen Sie uns mit, für welche Themen Sie sich interessieren, und schicken Sie einfach diese Karte zurück. Wenn Sie außerdem unsere Fragen auf der Rückseite beantworten, helfen Sie uns, zukünftig genau die Bücher zu machen, die ***Sie*** interessieren!

Bei Rücksendung dieser Bücherkarte nehmen Sie an unserer monatlichen Verlosung teil: Die Gewinnerin/der Gewinner erhält Bücher aus den von Ihnen genannten Themenbereichen im Wert von 50,– €.

VORNAME / NAME

STRASSE / HAUSNUMMER

PLZ / ORT

E-MAIL

Bei Angabe Ihrer Mail-Adresse erhalten Sie rund 6 Mal jährlich unseren

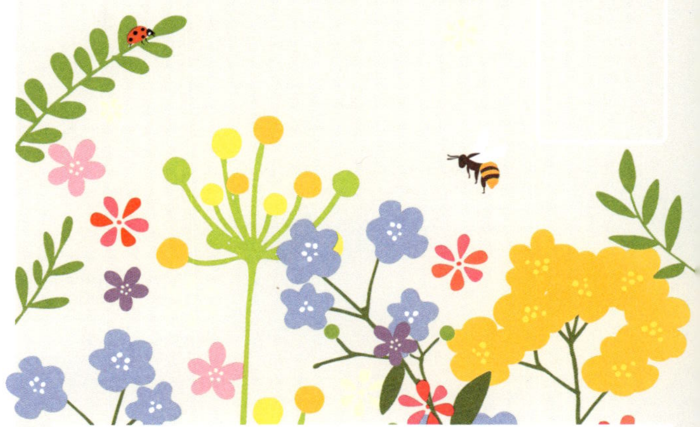

Antwort

JAN THORBECKE VERLAG
VERLAGSGRUPPE PATMOS
Senefelderstraße 12
D-73760 Ostfildern

Ihre Meinung ist uns wichtig!

DIESE KARTE LAG FOLGENDEM BUCH BEI:

____

IHRE MEINUNG ZU DIESEM BUCH:

____

____

____

____

____

WIE/WO SIND SIE AUF DIESES BUCH GESTOSSEN:

____

____

____

____

Für welche Themen interessieren Sie sich?

- O *Kochen & Backen | Haus & Garten | Geschenkbuch & Kalender* ______ **THORBECKE** *Lebensart*
- O *Geschichtswissenschaft | Landeskunde Südwestdeutschland* ______ **THORBECKE** *Geschichte*
- O *Psychologie | Lebensgestaltung | Religion | Spiritualität | Kalender* ______ **PATMOS**
- O *Kinderbuch* ______ **PATMOS** *Kinderbuch*
- O *Theologie* ______ **GRÜNEWALD**
- O *Pastorale Praxis | Sieger Köder* ______ **SCHWABEN**
- O *Kundenmagazin* ______ Lebe gut

Zu den von Ihnen angekreuzten Themen schicken wir Ihnen gerne halbjährlich unsere Prospekte mit den Neuerscheinungen. Außerdem erhalten Sie bei Angabe Ihrer E-Mail-Adresse unsere jeweiligen Newsletter. (Beides ist jederzeit formlos kündbar.)

____

E-MAIL-ADRESSE

Einen Überblick über unser Gesamtprogramm sowie unsere E-Books finden Sie unter **www.thorbecke.de** sowie **www.verlagsgruppe-patmos.de**.
Außerdem freuen wir uns über Ihre Wünsche, Fragen oder Kritik an **kundenservice@verlagsgruppe-patmos.de**.

lebegut **VERLAGSGRUPPE PATMOS**

betrachten und sich daran zu erfreuen. Die anderen Seiten des Kalenderteils sind jedenfalls besser erhalten. Doch sind die tatsächliche Verwendung des Buches und die Gründe für seine so besondere Ausstattung ungeklärt. Wir wissen nicht, wer es außer seiner Besitzerin noch lesen und anschauen durfte. Immerhin ist bekannt, dass die Handschrift der Königin gefallen hat. Auf der erhaltenen Zahlungsanweisung wird die reichhaltige und üppige Ausgestaltung gelobt und der Künstler großzügig entlohnt.
Lassen sich Bourdichons Pflanzenbilder in diesem Buch also damit erklären, dass Anne mit der Beauftragung dieses Stundenbuches ein Buch wünschte, das Pracht, Schönheit und Ausstattung von Büchern in anderen Bibliotheken übertraf? Oder gibt es für die ungewöhnlichen Pflanzenbilder vielleicht noch andere Gründe?

EIN BOTANISCHES BILDERBUCH FÜR EINE FRAU

Wir wissen, dass Anne den Gärten der königlichen Schlösser von Blois und Amboise viel Aufmerksamkeit schenkte. Möglicherweise hat sie sich deshalb in den Grandes Heures in einem Garten porträtieren lassen. Doch wie wir bereits am Beispiel des „Braunschweiger Triptychons“ (→VGL. ABB. 1) gesehen haben, zeigen auch andere Bilder aus dem späten Mittelalter Ziergärten als bevorzugten Aufenthalt des Adels. Der ungezwungene Aufenthalt in einem schön gestalteten Blumengarten war der favorisierte Zeitvertreib von Frauen, der Garten ebenfalls ein Statussymbol. So mag Annes Porträt im Garten eine weitere Konvention – wie auch das Porträt beim Gebet – darstellen. Doch vielleicht sprechen das Gartenporträt und die Pflanzenbilder auch für ein besonderes Interesse der Königin an Gärten im Allgemeinen und der Pflanzenwelt im Besonderen. Denn im Unterschied zu allen anderen bekannten Stundenbüchern und sogar zu den späteren Versionen, die Bourdichon selbst nach seinem Meisterwerk anfertigte, sind die Pflanzen in den Grandes Heures ja mit Namen beschriftet.
So ist der Granatapfel lateinisch mit „Mala granata“ und mit „Guernades“ auf Französisch bezeichnet. Dies ist ein ganz außergewöhnlicher Umstand, der zu denken gibt. Denn die Bezeichnungen in den Grandes Heures weisen über den Gebrauch als Gebetbuch oder reines Statussymbol hinaus. Die meisten Stundenbücher wurden bis ins späte Mittelalter hinein auf Latein verfasst. Ausnahmen wurden gemacht, wenn es sich um Bücher handelte, die für Frauen bestimmt waren. Die meisten Frauen

beherrschten kein Latein und hätten die Gebete und Texte in ihren Stundenbüchern nicht verstanden. Anne hingegen war eine gebildete Frau, die zumindest genügend Latein konnte, um in ihren Büchern zu lesen. Umgangssprache am Hof war jedoch Französisch. Die Beschriftung mit den volkstümlichen Pflanzenbezeichnungen kann darauf hinweisen, dass Anne nicht nur ein repräsentatives Stundenbuch mit besonders schönen Pflanzenmotiven besitzen wollte, sondern dass sich darüber hinaus tatsächlich für die Gewächse interessiert hat. Vielleicht wollte sie sich mit anderen Menschen und Gelehrten zu diesem Thema austauschen. Dann wären die Grandes Heures nicht nur ein beneidenswert schönes Gebetbuch, sondern auch eine Art botanisches Bilderbuch.

Tatsächlich kennen wir Frauen aus dem Mittelalter und aus der Spätantike, die Bücher beauftragt oder geschrieben haben, die sich mit botanischen Themen auseinandersetzen. Anfang des sechsten Jahrhunderts schenkten die Bürger von Byzanz der kaiserlichen Prinzessin Julia Anikia eine ein kostbares Buch über Arzneipflanzen als Dank für die von ihr gestiftete Marienkirche. Das Buch wird heute nach seinem Aufenthaltsort in der Wiener Staatsbibliothek als „Wiener Dioskurides" bezeichnet und gilt als eine der bedeutendsten naturkundlichen Handschriften überhaupt. Auch wenn manche Forscher zwischen dem Inhalt des Wiener Dioskurides und den Interessen der Beschenkten keine Beziehung erkennen wollen, so halte ich es dennoch für wahrscheinlich, dass die Stifter mit der Auswahl des Themas der Prinzessin entgegenkamen. Krankenpflege und die Herstellung einfacher Arzneien aus Heilkräutern waren ebenso seit jeher eine Aufgabe der Frauen – auch der reichen und vornehmen, ebenso die Verwaltung und Pflege der Nutzgärten und die Konservierung der Produkte. So hat die Benediktinerin Hildegard von Bingen im 12. Jahrhundert eine vielbeachtete Naturkunde verfasst, die unter dem Titel „Physica" bekannt ist, in der sie die Heilkraft verschiedener Pflanzen beschreibt. Hildegard schrieb auf Latein, nennt aber viele einheimische Pflanzen auch mit deutschen Namen, etwa Swertel für Schwertlilie oder Ringula für die Ringelblume.

In späteren Jahrhunderten hat sich etwa Königin Charlotte von England (1744–1818) als Patronin der Künste und der Botanik hervorgetan. Sie war eine wichtige Förderin der bedeutenden Blumenmalerin Mary Moser und setzte sich für den Londoner Botanischen Gartens Kew Garden ein, dem wir im 7. Kapitel begegnen werden. Zur gleichen Zeit förderte Königin Marie Antoinette von Frankreich die Stilllebenmalerin Anne Vallayer-Coster (vgl. Kapitel 6) und ließ im Park von Versailles einen Blumengarten und einen Park im modernen englischen Stil errichten.

In jüngerer Zeit hat sich Loki Schmidt, die Frau des ehemaligen Bundeskanzlers als Autodidaktin zu einer in Fachkreisen respektierten Botanikerin herangebildet. Sie hat vielbeachtete Bücher zu botanischen Themen geschrieben und eine Stiftung gegründet, die sich für den Schutz der heimischen Flora einsetzt. Ganz aktuell nutzt Michelle Obama, die Ehefrau des amerikanischen Präsidenten, ihren Einfluss als First Lady, um ihren Landsleuten frisches Gemüse und Obst schmackhaft zu machen. Sie ließ zu diesem Zweck im Garten des Weißen Hauses einen Modell-Gemüsegarten anlegen.

Im Mittelalter galt darüber hinaus der Aufenthalt im Garten und die Verarbeitung von Blumen zu Bouquets, Kränzen, Girlanden wie auf der Miniatur und dem Braunschweiger Diptychon dargestellt als standesgemäße Beschäftigung für höhergestellte Frauen. Die Beschäftigung mit dem Garten und seinen Produkten, die Auseinandersetzung mit der Vielfalt und den Geheimnissen der Pflanzenwelt war bereits lange Zeit vor den Grandes Heures eine Nische für wissenshungrige und kunstbegeisterte Frauen und ist es bis heute geblieben.

So ist es nicht unwahrscheinlich, dass auch Königin Anne de Bretagne sich für die Schönheit und Wunder der Pflanzenwelt interessiert hat. Zumal es üblich war, bei einer Buchbestellung alle Einzelheiten über das Aussehen eines Buchs wie Größe, Umfang, Inhalt und Bilder von vornherein festzulegen. Anne und ihr Künstler müssen sich zumindest im Groben darüber verständigt haben, wie das Buch einmal aussehen und welche Bilder dafür gemalt werden sollten. Auch die Auswahl der Pflanzen und die Beschriftung müssen ein Thema gewesen sein. So hat Bourdichon in den anderen (schlichteren) Versionen des Stundenbuchs andere Pflanzenarten gemalt und die Beschriftungen weggelassen.

Die Pflanzenbilder hat Bourdichon sehr wahrscheinlich nach der Natur gemalt, das lassen zumindest die ungewöhnliche Pflanzenauswahl, der Detailreichtum und die Naturnähe der dargestellten Gewächse vermuten. Möglicherweise hat er sogar nach Exemplaren gearbeitet, die in Annes Gärten wuchsen. Die Rosen, die weißen Lilien und Feuerlilien oder der Granatapfelstrauch, die in den Grandes Heures abgebildet sind, waren jedenfalls bereits damals beliebte Pflanzen für den Ziergarten. Die auf anderen Seiten der Grandes Heures abgebildeten Wildpflanzen sind im Touraine, also der Gegend von Annes Schlössern, bis heute heimisch. Doch blühen die abgebildeten Pflanzen jeweils nur für eine kurze Zeit im Jahr: Der Safran etwa zeigt seine Blüten im November, Löwenzahn im April. Die Beeren von Mistel und Stechpalme reifen im Winter, die Blütenstände des Rohrkolbens bilden sich im Sommer. Dann sind auch die Kirschen reif, während Äpfel und Birnen erst später geerntet werden. Die Granatäpfel hat Bourdichon zudem in verschiedenen Stadien – Knospe, Blüte, unreife und überreife Früchte – dargestellt. So wird der Künstler viel Zeit gebraucht haben, selbst wenn er Hilfe hatte, um alle Gewächse zu malen. Bourdichon malte also mindestens ein Jahr, um alle Miniaturen fertigzustellen, vermutlich sogar länger.

FLORILEGIUM

Die Vielfalt der abgebildeten Pflanzen, die darstellerische Präzision, die Wiedergabe der Gewächse mit Schlagschatten auf einer einfarbigen Fläche haben Botaniker und Kunsthistoriker gleichermaßen seit langem interessiert. Sie boten immer wieder Anlässe, die Miniaturen mit anderen naturkundlichen Darstellungen der Zeit in Beziehung zu setzen und zu vergleichen. In der zweiten Hälfte des 15. Jahrhunderts entdeckten Künstler und Wissenschaftler die Welt der Gewächse neu. Maler wie Leonardo da Vinci oder Albrecht Dürer befassten sich intensiv mit der Darstellung von Pflanzen und haben wunderschöne Bilder von einzelnen Gewächsen oder von Pflanzengemeinschaften hinterlassen. Auch auf vielen Altarbildern der Zeit finden wir realistisch gemalte Pflanzen als Begleiter Mariens auf üppig wuchernden Rasenflächen. Zur gleichen Zeit wurden Arzneibücher mit Pflanzenillustrationen, die sogenannten „Herbarien", geschrieben und gedruckt. Als Künstler am Hofe des französischen Königs war Bourdichon mit dem Kunstschaffen seiner Zeit vertraut. Die großen Künstler, ihre Bilder, Bücher und Handschriften hat er mit Sicherheit gekannt.

Doch wirklich schlüssig lassen sich die Miniaturen der Grandes Heures weder dem Kreis der flämischen Stundenbücher zuordnen noch in die Gruppe der religiösen Gemälde oder in die Nähe der medizinischen Handschriften. Tatsächlich sieht es eher so aus, als hätte Bourdichon sich an einer ganz neuartigen Form der Pflanzendarstellung versucht, die sich erst in der zweiten Hälfte des 16. Jahrhunderts als eigenständige Bildgattung durchsetzen sollte. So haben Forscher die Pflanzenbilder in den Grandes Heures immer wieder als eine Art frühes „Florilegium" bezeichnet, also als eine Sammlung von handgemalten oder gedruckten Pflanzenbildern in einer Mappe oder in einem Buch, die für Kenner und Liebhaber bestimmt war. Wie die Pflanzenminiaturen in den Grandes Heures kommen die Darstellungen in Florilegien – abgesehen von den Bezeichnungen der abgebildeten Gewächse – ohne erläuternde Texte aus. Ein berühmtes Florilegium ist der sogenannte „Hortus Eysttensis". Gestaltet wurde das 1615 veröffentlichte dreibändige Werk von dem Künstler Basilius Besler für den Fürstbischof Johann Konrad von Gemingen. Der Hortus Eystettensis führt die Pflanzenvielfalt des fürstbischöflichen Gartens in Eichstätt in seiner ganzen Pracht vor. In den meisten Florilegien sind Bilder von Gewächsen eines Gartens versammelt, geordnet nach der Zeit der Blüte und nach ihrer Gruppenzugehörigkeit, etwa Zwiebelpflanzen, Zitrusgewächse, Obstgehölze etc. Abgesehen von der weitgehend fehlenden Ordnung und der in einigen Fällen abweichenden Gestaltung der Farben und Formen bei Pflanzen und Tieren, haben Annes Grandes Heures bereits einiges mit einem botanischen Florilegium gemeinsam, auch wenn sie als Ganzes betrachtet, natürlich kein rein botanisches Buch sind.

Vielleicht aber lassen sich die Grandes Heures als erster Versuch in Richtung des eigenständigen Florilegiums betrachten, in einer Zeit, als es diese Buchform noch gar nicht existierte. In einem Florilegium steht bereits das ästhetische Interesse des Betrachters und der Betrachterin, die Bewunderung für die Qualität der Malerei und die Schönheit der Pflanzen im Vordergrund. Ganz so, wie wir botanische Darstellungen heute noch auf Ausstellungen und im Museum würdigen. Damals wurden Florilegien von Gartenbesitzern wie dem Eichstätter Fürstbischof in Auftrag gegeben, die die Vielfalt und Pracht ihrer Gärten über den Sommer hinaus genießen wollten. Vielleicht hatte Anne den gleichen Wunsch, als sie die Grandes Heures bei ihrem Hofmaler bestellte. Von diesem Standpunkt aus betrachtet, waren Anne de Bretagne und ihr Maler Jean Bourdichon Wegbereiter für eine ganz neue Form des illustrierten Pflanzenbuchs.

4

Spiegelbild mit Blumen

CLARA PEETERS

(1594–1657)

Rote und weiße Anemonen, eine Schachblume, vielleicht die Blüte einer Küchenschelle, Hyazinthen und die Laubblätter einer Rose schmücken die Steingutvase auf dem Stillleben in der Kunsthalle Karlsruhe (→ABB. 6)*. Zwei Pokale, mehrere Münzen, eine goldene Kette, eine blassgrüne Schale aus China und Gehäuse tropischer Meeresschnecken begleiten den Blumenstrauß auf der Steinplatte.* Gemalt wurde das Bild von einer Künstlerin in einem Atelier mit großem Fenster. Das kann ich erkennen, als ich die merkwürdigen Reflexe auf den Buckeln des hinteren Pokals etwas genauer betrachte: Winzig klein und schemenhaft spiegelt sich die Gestalt der Malerin fünfzehnmal auf dem Gefäß. Sie steht vor dem Fenster ihres Ateliers mit Pinsel und Palette in der Hand und blickt uns in einem Kleid mit hohen Kragen entgegen. Die breite, hohe Stirn, eine kurze Nase, rundliche Wangen und eine insgesamt jugendliche Erscheinung sind in den Spiegelungen jedoch mehr zu erahnen als tatsächlich zu erkennen. Ein Blick auf die Signatur an der linken Tischkante verrät, dass es sich um die Malerin Clara Peeters handelt, die das Stillleben 1612 geschaffen hat.

IM SPIEGEL

Vielleicht kannte Clara Peeters die Bilder des Meisters von Flemalle (tätig von 1410–1440), von Jan van Eyck (1390–1441) oder von Quentin Massys (ca. 1466–1530), die im 15. und frühen 16. Jahrhundert ihre Selbstbildnisse auf Porträts und Heiligenbildern mit reflektierenden Ritterrüstungen oder gewölbten Spiegeln hinterließen. Clara malte ihre Bildnisse jedoch in ein Stillleben. Auf Stillleben kommen Menschen selbst nicht vor, sondern allein die Dinge erzählen von ihrem Leben, Taten,

Hoffnungen und Wünschen. Vielleicht hat Clara ihre Selbstbildnisse als persönliche Signatur in das Bild eingefügt, zusätzlich zu Namen und Datum auf der Tischkante. Das Nebeneinander von Signatur, Datum und Selbstbildnissen betont jedenfalls die Gegenwart der Künstlerin als Schöpferin und Augenzeugin des Dargestellten im Bild. Das auf dem Pokal gespiegelte Atelier gehört ebenso zum Bildraum des Stilllebens wie das Stillleben Teil des gespiegelten Ateliers ist. Ihre Selbstbildnisse bürgen für die Wirklichkeitstreue des Dargestellten. Zugleich präsentiert sie sich den Betrachtern unaufdringlich virtuos als Meisterin ihres Fachs. Tatsächlich sind Selbstbildnisse auf reflektierenden Oberflächen in der Stilllebenmalerei gar nicht so selten anzutreffen. Das stelle ich fest, als ich mir andere Stillleben in der Karlsruher Kunsthalle anschaue: So spiegelt sich etwa Jacob Marell 1637 in einer Glasvase; auf Abraham van Beyerens „Prunkstillleben" von 1660 entdecke ich das Porträt des Künstlers auf einem Metallgefäß. Beide Bilder sind jedoch lange nach Claras Stillleben entstanden. Ob die Maler die Werke ihrer Kollegin kannten? Clara selbst hat ihr Spiegelbild jedenfalls öfters auf Bildern hinterlassen. So finde ich mehrfach von einer Silberkanne gespiegelte Porträts der Künstlerin auch auf einem Bild aus dem Prado in Madrid, das ein Jahr vor dem Karlsruher Stillleben entstandenen ist (→ABB. 7).

CLARA PEETERS AUS ANTWERPEN

Über die Künstlerin Clara Peeters, die ihre Werke so selbstbewusst mit ihren Bildnissen signiert hat, wissen wir kaum etwas. Nur in wenigen Dokumenten wird ihr Name genannt. Es fehlen verlässliche Informationen über ihren Lebenslauf, ihre Auftraggeber und ihre Ausbildung. Selbst Geburts- und Sterbedaten sind nicht sicher. Forscher gehen aber davon aus, dass sie 1594 in Antwerpen geboren wurde, sich mehrfach in Amsterdam aufhielt, erst mit 45 Jahren heiratete und nach 1657 starb. Mehr über Clara erfahren wir aus den einunddreißig wunderschön gemalten Stillleben, die sie mit „Clara Peeters" oder „Clara P" und mit ihren Selbstbildnissen signierte. Die Bilder belegen ihre künstlerische Tätigkeit zwischen 1607 und 1621. Sechsundsiebzig weitere Bilder haben Wissenschaftler den signierten Werken aus stilistischen Gründen hinzugefügt. Sie geben darüber Aufschluss, dass Clara mindestens bis 1630 künstlerisch tätig gewesen sein muss. Das Karlsruher Bild gehört demnach in die Frühzeit von Clara Peeters Schaffen. Gemalt hat sie es – wenn die Forschung richtig liegt – mit gerade einmal 18 Jahren.

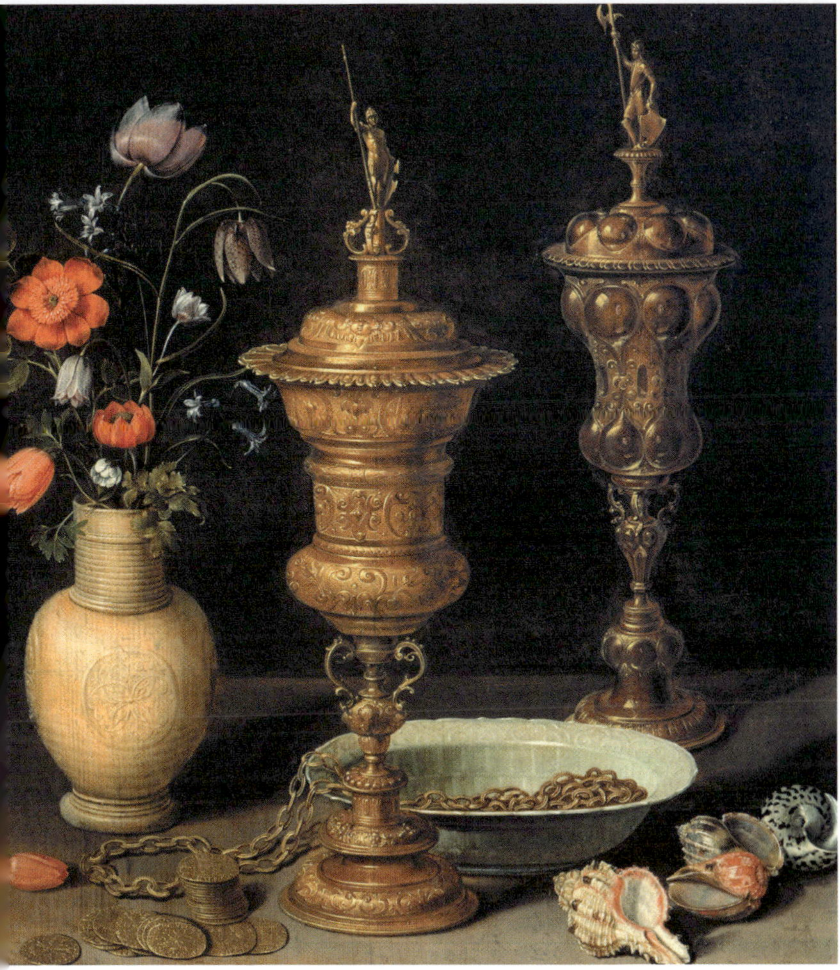

(ABB. 6) CLARA PEETERS, Stillleben mit Blumen, Goldpokalen und versteckten Selbstbildnissen, 1612, Öl/Holz, Karlsruhe, Staatliche Kunsthalle Karlsruhe

MALERIN

Weil schriftliche Zeugnisse fehlen, ist Clara Peeters als Malerin tatsächlich allein über ihre Kunst zu entdecken und nicht über ihre Lebensgeschichte. Das scheint eine banale Feststellung zu sein, doch macht sie dieser Umstand zu einer Ausnahme und zu einem echten Glücksfall für die kunsthistorische Forschung. In Fachbüchern und Lebensbeschreibungen wurden lange Zeit vor allem die außergewöhnlichen Umstände weiblicher Lebensläufe hervorgehoben. Wahlweise wurde die glanzvolle Karriere oder Opferbereitschaft und Entbehrungswillen der Künstlerin betont und ihre Einzigartigkeit in der Geschichte des weiblichen Schaffens bewundert. Zugleich wurde das künstlerische Werk meist nur beiläufig abgehandelt oder gar als Produkt weiblicher Tätigkeit herabgesetzt. Wenn überhaupt, verglichen die Autoren die Werke meist mit den Arbeiten anderer Frauen, machten sich aber nur selten die Mühe, Bezüge zu männlichen Künstlern herzustellen. Mit Clara Peeters haben wir nun eine Malerin, die wir vor allem über ihre Bilder kennenlernen können. Über Vergleiche mit den Werken zur gleichen Zeit malender und besser dokumentierter männlicher Kollegen lässt sich viel über den großen Erfindungsreichtum ihrer Bilder erfahren, und wir stellen fest: Mit einiger Wahrscheinlichkeit gehörte Clara Peeters zu den Urhebern der Stilllebenmalerei in den Niederlanden. Ihre Bilder formten Aussehen, Stil und Komposition der Stillleben entscheidend mit. Als eine der ersten Maler(innen) erforschte sie in den Niederlanden die Möglichkeiten und Grenzen ihres Fachs: Nicht nur ihre Selbstbildnisse auf polierten und gekrümmten Oberflächen hatten im 17. Jahrhundert viele Nachahmer und finden bis heute nicht nur unter botanischen Künstlerinnen Interesse. Die Peeters-Spezialistin Pamela Hibbs-Decoteau hat herausgefunden, dass Claras Frühstücksstillleben sogar zu den frühesten Beispielen in Nordeuropa zählen. Ihre Fisch- und Jagdbilder formulierten das Thema aus, noch bevor es ab der Mitte des 17. Jahrhunderts bei einem größeren Publikum beliebt werden sollte.

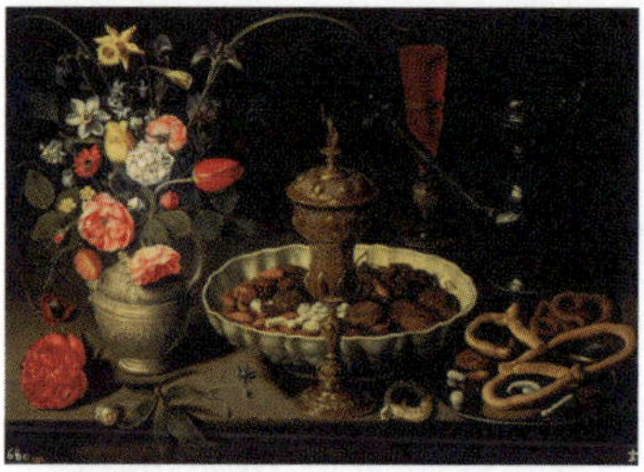

(ABB. 7) CLARA PEETERS, Stillleben mit Blumen, Pokal, getrockneten Früchten und Brezeln, 1611, Öl/Holz, Madrid, Museo del Prado

Doch auch mit ihren Blumenbildern konnte Clara neue Akzente setzen. Sie hatte sich zwar nicht ausschließlich auf Blumenstillleben spezialisiert, wie etwa die später in Amsterdam tätige Rachel Ruysch (1664–1750). Dennoch gehörten Blumensträuße zu den wiederkehrenden Motiven auf ihren Bildern, von denen einige sogar reine Blumenstillleben sind. Ihre frühen Bilder erinnern an die Werke von Osias Beert (um 1580–1623), einem Stilllebenmaler, der zur selben Zeit in Antwerpen tätig war wie Clara. Manche Forscher halten ihn deshalb für ihren Lehrer. Wie auch immer es gewesen sein mag: Clara löste sich von den älteren Vorbildern und fand zu einem eigenen Stil, an dem man ihre Bilder leicht erkennen

kann. Zu den typischen Merkmalen ihrer Arbeiten gehören die Spiegelungen, die immer wiederkehrenden Pokale und Schneckenhäuser, der besondere Glanz der Oberflächen und Blumensträuße in leuchtenden Farben, die meist Teil einer größeren Komposition sind.
Der Blumenstrauß auf dem Karlsruher Stillleben hat jedoch nur wenig mit den üppigen Blumenbildern der anderen Antwerpener Blumenmaler gemeinsam. Und auch das gewählte Hochformat und der tiefe Blickpunkt sind für eine vielteilige Komposition aus dem frühen 17. Jahrhundert äußerst ungewöhnlich. Auf dem nur ein Jahr zuvor entstandenen Stillleben im Prado hatte Clara ganz ähnliche Dinge dargestellt. Doch wählte sie für ihre Komposition ein Querformat und malte Objekte in einer stärkeren Aufsicht. Auf den Pokaldeckel und die mit Naschereien gefüllte Schale schauen wir von oben herab, der hintere Rand der Tischplatte teilt das Bild in der Mitte. Die Tischplatte in Karlsruhe füllt hingegen gerade einmal das untere Viertel des Bildes. Schale und Pokaldeckel sind in Karlsruhe in einer stärkeren Verkürzung und mehr von der Seite gesehen.
Gemalt hat Clara die Karlsruher Gefäße in perspektivisch unterschiedlichen Ansichten. So schauen wir auf die Vase und die Blumen, während der Pokal daneben in einer leichten Untersicht dargestellt ist. Tatsächlich hat die Malerin jedem Ding eine eigene Perspektive mitgegeben: Blickt man auf den Fuß der Vase, so scheint diese eindeutig hinter dem Pokal zu stehen, obwohl eine Blüte den linken Rand des Pokals berührt. Trotz der Schlagschatten und Claras präziser Malweise hat die Vase keinen perspektivisch eindeutig definierten Platz auf der Tischplatte. Zusätzlich irritiert, dass Blumen und Vase nicht so recht zu den anderen Dingen auf dem Bild zu passen. Ihre Farben unterscheiden sich deutlich von den Erd-, Braun- und Goldtönen der Pokale und Münzen.

STILLLEBEN MALEN IM 17. JAHRHUNDERT

Den Blumenstrauß auf dem Karlsruher Bild hat Clara locker, fast nachlässig arrangiert. Die einzelnen Stängel wirken wie zufällig zusammengestellt. Aber immerhin scheinen die Stängel alle in die Vase zu passen. In diesem Punkt unterscheidet sich das Karlsruher Bild von dem Bild aus dem Prado, auf dem die Vase viel zu klein erscheint, um die Blumenfülle aufzunehmen. Narzissen, Iris und Akelei müssten über unnatürlich lange Stängel verfügen, um den Vasenboden zu erreichen. Clara hat auf diesem Bild wie viele andere ihrer Blumen malenden Kollegen versucht, möglichst viele verschiedenartige Blumen darzustellen, ohne Rücksicht auf tatsächliche Größe und Platz in der Vase.

Perfekt gemalte, leuchtend bunte Blüten, schimmernd wie kostbare Juwelen, hat Clara auf ihren Bildern vor den dunklen Grund gesetzt. Ganz ähnlich hatte hundert Jahre zuvor Jean Bourdichon seine Blumen in den Grandes Heures dargestellt. Doch richteten sich Claras Bilder an andere Betrachter als das Stundenbuch der Königin von Frankreich. Clara malte ihre Bilder nicht exklusiv für die Augen einer Auftraggeberin, die bestimmte, welche Dinge mit aufs Bild kamen. Tatsächlich wissen wir gar nicht, wer der erste Besitzer oder die erste Besitzerin von Claras Karlsruher Stillleben gewesen ist. Zu einem unbekannten Zeitpunkt gelangte es in die fürstliche Sammlung des Hauses Baden und von da aus in die Kunsthalle. Insgesamt ist jedoch zu vermuten, dass Clara für ihre Bilder eine weit gefasste Käuferschaft im Blick hatte, die sich für exotische Kostbarkeiten aus entfernten Weltgegenden ebenso interessierte wie für einheimische Goldschmiedearbeiten oder Blumen.
Tatsächlich arbeiteten Stilllebenmaler in den Niederlanden des 17. Jahrhunderts in der Regel nicht für einen bestimmten Auftraggeber, sondern fertigten ihre Bilder sozusagen auf Vorrat an. Kunden waren überwiegend Kaufleute oder Geschäftsleute, die Bilder als Schmuck für ihre Häuser suchten und manchmal auch für ihre Kunstsammlungen. Neben Landschaften, Porträts und Alltagsszenen waren Stillleben in den verschiedenen Ausprägungen besonders begehrt. Die Künstler wiederum malten das, was sie für den Kunstmarkt passend fanden und von dem sie annahmen, dass es sich auch verkaufen ließ. Die Kunden konnten die fertigen Bilder im Atelier besichtigen oder auf speziellen Märkten kaufen. Gemälde waren eine wichtige Handelsware in den Niederlanden, die sogar exportiert wurde. Entsprechend groß war die Konkurrenz unter den Malern. Dies förderte die Spezialisierung auf bestimmte Bildtypen ebenso wie die Herausbildung persönlicher Stile und bevorzugter Themen.
So ist es nicht weiter erstaunlich, dass sich bestimmte Gegenstände und Motive auf den niederländischen Stillleben immer wieder finden lassen. Sei es, weil die Künstler erfolgreiche Bilder mit geringen Abwandlungen gleich mehrfach malten oder weil sie manche Elemente vielleicht als Markenzeichen nutzten, an denen sie von ihren Kunden wiedererkannt wurden. Claras versteckte Selbstbildnisse sind wohl auch aus diesem Grund mit auf die Bilder gekommen. Aber auch den Blumenstrauß in einer hellen Steingutvase, den goldenen Buckelpokal, die Münzen, Schneckenhäuser und die chinesische Schale finden wir in ähnlicher Form noch auf anderen Bildern von Clara Peeters.
Die beiden Pokale und die goldene Kette waren Luxusobjekte und Statussymbole, die sich nur sehr wohlhabende Menschen leisten konnten.

Als einen ganz außergewöhnlichen Gegenstand müssen wir uns die blassgrüne Schale in der Bildmitte vorstellen. Nur acht Jahre vor Entstehung unseres Gemäldes brachte ein Frachtschiff erstmals chinesisches Porzellan in die Niederlande. Die vier Schneckengehäuse stammen aus der Karibik, dem tropischen Pazifik und aus dem Roten Meer. Seefahrer brachten die Schalen damals in die Niederlande. Sie wurden auf vielen Stillleben dargestellt und waren zu Claras Zeiten viel gesuchte und kostbare Sammelobjekte.

BLUMEN IM STILLLEBEN

Kostbarkeiten und Raritäten aus allen Winkeln der Welt hat Clara Peeters also auf ihren Bild zusammengetragen. Wie passen aber die schlichte Keramikvase und der kleine Blumenstrauß in die Reihe der teuren Luxusobjekte? Die perspektivischen Unstimmigkeiten auf dem Bild legen nahe, dass Clara die Dinge wohl nicht gleichzeitig gemalt hat. Viele Maler haben damals von einzelnen Dingen und Objekten Studien auf Papier oder Pergament angefertigt, die sie als Vorlagen für ihre Gemälde verwendeten. So dürften auch die Dinge auf Clara Peeters Stillleben aus unterschiedlichen Zusammenhängen stammen, die erst nachträglich auf dem Bild zusammengeführt wurden. Blumenmaler mussten zwangsläufig so verfahren. Sie arbeiten– wie wir bei Sue im ersten Kapitel gesehen haben – bis heute so. Blumen welken rasch. Es ist schwierig genug, auch nur ein Exemplar nach dem lebenden Modell fertig zu malen. Meist kommen auf den Bildern Blumen zusammen, die in der Natur nicht gleichzeitig blühen. Andere waren selten, so dass die Künstler sie gar nicht in ihrem Atelier studieren konnten, sondern sich mit Abbildungen behelfen mussten, wenn sie nicht Reisen zu den Besitzern unternahmen, um sie dort zu malen. Die überlangen Narzissen und die Iris auf dem Prado-Gemälde lassen erahnen, dass Clara in diesem Fall auf Einzelstudien zurückgegriffen hat und daraus den Blumenstrauß Stück für Stück zusammensetzte. Zumal Iris, Narzissen, Akelei, Rosen und Pfingstrosen ja zu unterschiedlichen Zeiten blühen. Für den besonderen Aufwand, den Blumenmaler für ihre Bilder trieben, um die Komposition aus vielen einzelnen Blüten zusammenzusetzen, wurden sie besser bezahlt als Maler, die andere Dinge malten. Hat Clara mit dem Blumenstrauß vielleicht den Wert ihres Bildes steigern wollen?
Clara malte ihre Bilder wohl nicht exklusiv für botanisch versierte Kunden, wie wir es für Bourdichons Stundenbuch vermuten können. Auch wenn es auf den ersten Blick nicht auffällt, hat sie die Blumen doch etwas vereinfacht dargestellt, so dass die Identifizierung der dargestellten

Gewächse nicht ganz leicht fällt. Eine botanische Malerin und Buchillustratorin war Clara im Unterschied etwa zu Maria Sibylla Merian, der wir im nächsten Kapitel begegnen werden, nicht. So lässt sich etwa die vor der Vase liegende Blume durchaus als Tulpe deuten, wenn auch die gefiederten grünen Blätter nahe legen, dass Clara eher eine Anemone meinte.

VON HYAZINTHEN, KÜCHENSCHELLEN, SCHACHBLUMEN UND ANEMONEN

Claras Blumenstrauß auf dem Karlsruher Stillleben verdeutlicht, wie sehr sich der Malerberuf seit der Anfertigung von Bourdichons Prachthandschrift verändert und sich mit ihm die Vorlieben und der Umgang mit den blühenden Pflanzen gewandelt hatten. So kommen die meisten von Claras Blumen in Bourdichons Stundenbuch nicht vor. Allein die Küchenschelle (*Pulsatilla*) finden wir dort wieder. Als Wildpflanze ist die Küchenschelle in den Niederlanden und Belgien nicht heimisch. In Gärten wurde sie im 17. Jahrhundert nur vereinzelt kultiviert. Wenn unsere Identifizierung stimmt, hat Clara eine für die damalige Zeit recht ungewöhnliche Pflanze in ihren Strauß mit aufgenommen, die nur wenigen Gartenfreunden bekannt war. Als botanische Rarität stünde die Küchenschelle gleichberechtigt mit den anderen exklusiven und seltenen Objekten auf diesem Bild. Vielleicht deswegen gab die Malerin ihr den prominenten Platz an der Spitze zwischen der Schachblume (*Fritillaria meleagris*) und der Hyazinthe (*Hyacinthus orientalis*).

Hyazinthen galten zu Peeters Zeiten noch als exotisch. Ursprünglich stammen sie aus der Türkei und dem östlichen Mittelmeerraum. Im späten 16. Jahrhundert waren sie bereits in vielen Liebhabergärten zu finden. 1613 werden im Hortus Eysttensis siebzehn verschiedene Formen erwähnt, die mit ihren wenigen Blüten der Wildform noch sehr nahe stehen, aber bereits in verschiedenen Blautönen, in Weiß, Purpurrot, Hell- und Dunkelviolett und sogar mit rötlichen Blüten gepflegt wurden. Clara Peeters hat dunkelblaue Hyazinthen mit nur wenigen Blüten an langen Stängeln gemalt. Diese Merkmale passen aber auch auf das Blauglöckchen oder Hasenglöckchen (*Hyacinthoides nonscriptus*). Im Unterschied zu den Hyazinthen verschönerten Hasenglöckchen bereits zur Zeit der Grandes Heures die Gärten und wurden in Büchern und auf Bildern dargestellt. Zudem ist das Hasenglöckchen in Clara Peeters Heimat, den südlichen Niederlanden, also dem heutigen Belgien, heimisch. Botaniker des 16. Jahrhunderts bezeichneten die Pflanze sogar als „Hyacinthus Anglicus et Belgicus“.

Wie Hasenglöckchen und Hyazinthe ist auch die Schachblume ein Zwiebelgewächs. Sie blüht in Claras Blumenstrauß unter der Küchenschelle. In Mitteleuropa war sie ursprünglich gar nicht heimisch. Seit den siebziger Jahren des 16. Jahrhunderts wurde sie aber in Gärten gepflegt, und ein Jahrzehnt später wuchsen die ersten Schachblumen auch in niederländischen Anlagen. Im Verlauf des 17. Jahrhundert entwickelte sich die Schachblume in verschiedenen Zuchtformen zu einer der beliebtesten Zierpflanzen in den Gärten der Landesfürsten, des Adels und der reichen Bürger.

Bei den kleineren, von fein gefiedertem Laub begleiteten weißlich-blauen Blüten dürfte es sich um einheimische Anemonen, um Windröschen handeln, die seit dem Ausgang des 16. Jahrhundert gelegentlich in Gärten kultiviert wurden und in verschiedenen Zuchtformen erhältlich waren. Eine genauere Bestimmung der Art scheint aber nicht möglich. Die drei größeren roten Blüten gehören der aus dem Mittelmeergebiet und Westasien stammenden Kronen-Anemone. In der ersten Hälfte des 17. Jahrhunderts wurden bereits zahlreiche Sorten, Farben und Formen gehandelt. Es gab sie mit einfachen und gefüllten Blüten, in weißen, roten und violetten Farbtönen. Kronen-Anemonen waren Liebhabergewächse, die zu den Prachtpflanzen der Barockgärten gehörten.

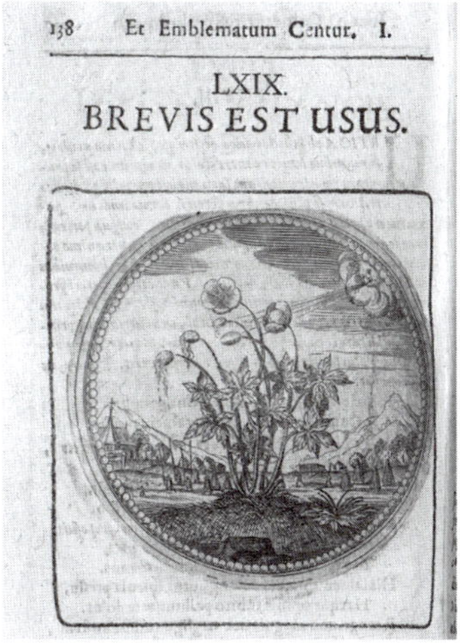
138 Et Emblematum Centur. I.

LXIX.
BREVIS EST USUS.

(ABB. 8) BREVIS ES USUS, Kupferstich aus: Joachim Camerarius, Symbolorum et Emblematum centuria, 1654, Bd. 1, S. 138

Einen Strauß damals beliebter Gartenblumen mit einigen Raritäten hat Clara Peeters also auf ihrem Bild dargestellt. Im Unterschied zu vielen anderen Blumenbildern und zu ihrem eigenen Bild aus dem Prado scheint es bei dieser Darstellung sogar möglich, dass alle Blumen zur selben Zeit blühen – nämlich im April und im Mai – was den Strauß für die damaligen Betrachter vielleicht sogar besonders realistisch wirken ließ und so den Kontrast zu den übrigen, unbelebten Dingen noch steigerte.

Kronen-Anemonen sind nicht winterhart. Wie die anderen Anemonenarten, Windröschen und die Küchenschelle überleben sie in der Vase nur kurze Zeit. Die Empfindlichkeit der Anemonen war zu Clara Peeters Zeit sogar sprichwörtlich. Auf einem Sinnbild aus dem späten 16. Jahrhundert wird ein blühendes Anemonenbüschel mit dem lateinischen Spruch „Brevis est usus“ – „der Gebrauch ist kurz“ überschrieben (→ABB. 8). Unter dem Bild wird der Satz erläutert: „Vergängliches Leben, wie schnell reißt dein Faden. Berührt von einer sanften Brise, sinkt die Anemone auf den Boden“. Beschrieben wird die Eigenschaft der Anemonen, bereits bei geringfügigen Berührungen die Blütenblätter zu verlieren. Als wenn Peeters diesen Spruch gekannt hätte, finden wir auch auf ihrem Bild eine Anemone vor der Vase.

Die unbestimmte Käuferschaft für die Stillleben in den Niederlanden und die Struktur des Kunstmarktes ließen es meist nicht zu, dass die dort angebotenen Stillleben in ihrer Aussage zu speziell wurden. Stattdessen waren die Bilder von vorneherein auf unterschiedliche Interpretationsmöglichkeiten hin angelegt. Ihre Bedeutungen beziehen sich ganz auf die Kenntnisse und Interessen des Käufers. So hat Clara sich mit der Darstellung des Blumenstraußes einem damals sehr beliebten Motiv gewidmet, das in der Kunstgeschichte unter dem Begriff „Vanitas“ – lateinisch für Eitelkeit oder Vergänglichkeit – zusammengefasst wird.

Ihr Blumenstrauß spielt an auf auf die Vergänglichkeit und Kurzlebigkeit der Gewächse: Die Blumen werden im Garten gepflückt, um für kurze Zeit in der Vase weiter zu blühen und am Ende – wie die liegende Anemone – abzusterben. Die Blüten verweisen in dieser Lesart auf die begrenzte Lebensspanne der Gewächse und lassen sich darüber hinaus auch auf die menschliche Existenz beziehen. Bereits in der Bibel finden sich Textstellen, in denen das Leben der Blumen mit dem Leben der Menschen verglichen wird: „Der Mensch, vom Weibe geboren, lebt kurze Zeit und ist voll Unruhe, geht auf wie eine Blume und fällt ab, flieht wie ein Schatten und bleibt nicht“, heißt es etwa im Buch Hiob, 14, 1–2. Viel mehr als die Betrachter des 21. Jahrhunderts waren es die Menschen damals gewohnt, Bilder als Symbole und Zeichen für das eigene Leben zu interpretieren. Und so finden wir empfindliche und teure Schnittblumen in der Vase als Bebilderung der Vanitas auf vielen Bildern aus dem 17. Jahrhundert.

Clara hat die vergänglichen Blumen in der Keramikvase schimmernden Goldschmiedearbeiten, Münzen, chinesischem Porzellan und tropischen Schneckengehäusen gegenübergestellt. Lebende Gewächse kombinierte sie mit Erzeugnissen menschlicher Kunstfertigkeit. Vergängliche Blumen in der schlichten Keramikvase kontrastieren mit Objekten aus teuren Materialien und tropischen Schneckenhäusern. Alle Dinge, Blumen, Gefäße und Schneckenschalen sind wunderschön, aber nur im begrenzten Maße nützlich. Sie erinnern daran, dass es in Hinblick auf die Kürze des Lebens und die Zerbrechlichkeit der menschlichen Existenz eigentlich sinnlos und bedeutungslos ist, teure Dinge zu sammeln und Schätze anzuhäufen.

Zu diesem Gedanken passt Claras gespiegeltes Selbstbildnis auf den Pokal. Ihrem Wesen nach sind Spiegelbilder, ganz ähnlich wie die Schatten aus dem Hiob-Zitat, flüchtig und unbeständig. Sie erscheinen nur für den Augenblick und sind im nächsten Moment bereits wieder verschwunden. Sie bleiben ebensowenig, wie die Blumen in der Vase oder wie die Tiere, die einst in den Schneckenhäusern lebten. Mit den Pokalen, der Porzellanschale und dem Gemälde selbst, in dem die Kostbarkeiten abgebildet sind, erzählt auch das Spiegelbild der Künstlerin davon, dass vom Leben eines jeden Menschen am Ende nichts übrig bleibt als ein paar Dinge und Bilder, die an seine Existenz erinnern.

Einunddreißig signierte Stillleben, sechsundsiebzig zugeschriebene Arbeiten und neunzehn Bilder aus ihrem näheren Umkreis sind von Clara Peeters aus Antwerpen übrig geblieben. Doch ihre Bilder inspirieren Maler bis heute. Mit Recht lässt sich behaupten: Clara Peeters war eine erfolgreiche Künstlerin, die mit ihrem Werk das Aussehen der Stillleben in den Niederlanden nachhaltig prägte. Und dass sie eine Frau war, verdeutlicht, dass im 17. Jahrhundert nicht allein Männer die Führungsrolle in der Stilllebenmalerei einnahmen.

Clara hat vermutlich ausschließlich Stillleben gemalt, ohne sich auf ein bestimmtes Thema festzulegen. Sie hat die Grenzen ihres Fach weit gefasst und Jagd-, Fisch- und Frühstücksbilder ebenso gemalt wie kostbare Gegenstände, Schneckengehäuse oder Blumen. Sie konnte auf diese Weise arbeiten, weil die Grenzen der Stilllebenfächer damals noch nicht eindeutig definiert waren und weil die Handwerksordnungen in den Niederlanden Frauen als Malerinnen zuließen. Kommerzielle Gründe und der Wunsch nach einem möglichst großen Kundenkreis dürften bei der Auswahl der Themen ebenfalls eine Rolle gespielt haben.

Im weiteren Verlauf des 17. Jahrhunderts spezialisierten sich Stilllebenkünstler jedoch zunehmend auf einzelne Motive. Die Blumenmalerei entwickelte sich dabei zu dem Gebiet, in dem Künstlerinnen besonders hervortaten. Zu den bekanntesten Vertreterinnen in diesem Fach gehört heute Maria Sibylla Merian, um die es im folgenden Kapitel gehen soll.

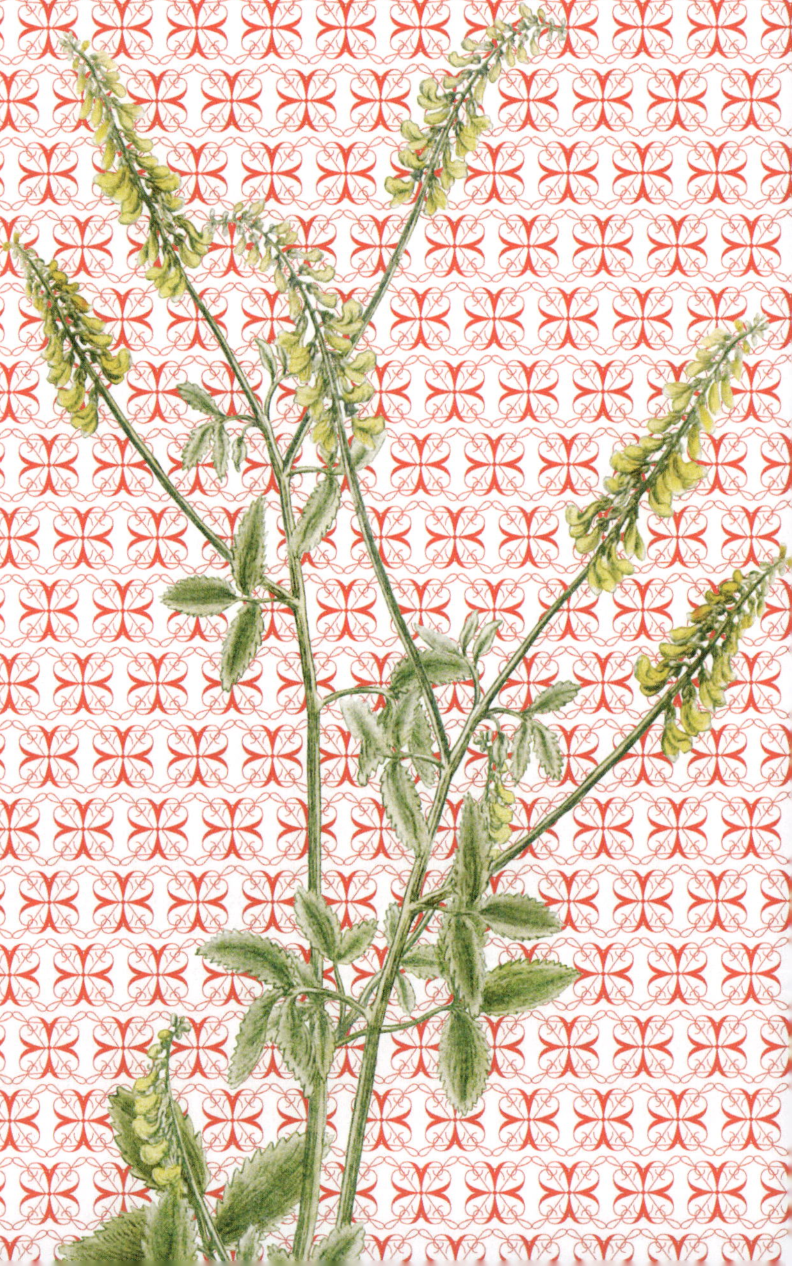

5

Das Abenteuer beginnt vor der Haustür.

MARIA SIBYLLA MERIAN

(1647–1717) UND DAS RAUPENBUCH

Maria Sibylla Merians Bild von einem „Steinklee mit Schmetterlingen" in der Graphischen Sammlung des Hessischen Landesmuseum Darmstadt ist nicht einmal 20 cm hoch (→ABB. 9)*. Die Tiere und Pflanzen darauf sind unglaublich fein dargestellt, kein Pinselstrich ist zu erkennen. Gemalt ist das Bild auf hell grundiertem Pergament, das glatter und fester wirkt als jedes Papier. Das kann ich erkennen, auch wenn das Glas des Bilderrahmens ein wenig die Sicht nimmt. Der rot-graue Schmetterling darauf hat jedoch nur vier Beine. So wie er auf der Pflanze sitzt, wirkt die Ansicht irgendwie perspektivisch verschoben. Überhaupt erscheint die Zusammenstellung von zwei Schmetterlingsarten, Raupen und Puppen auf der Pflanze künstlich. Obwohl die Malerei an sich wunderschön ist und genau so aussieht, wie man es von den Bildern der berühmten Naturforscherin und Künstlerin Maria Sibylla Merian gewohnt ist.*

FRANKFURT, NÜRNBERG, AMSTERDAM UND SURINAM

Denn es ist doch so: Kommt das Gespräch auf berühmte Blumenmalerinnen, dann ist Maria Sibylla Merians Name mit Sicherheit dabei. Geboren wurde Maria Sibylla im 17. Jahrhundert in eine angesehene Künstlerfamilie aus Frankfurt am Main. Ihre Eltern förderten das Talent der Tochter. Sie lernte malen, zeichnen und die Kunst des Kupferstechens. Bereits früh spezialisierte sie sich auf die Darstellung von Blumen und

Insekten. Später heiratete sie einen Mitarbeiter aus dem Atelier ihres Stiefvaters, zog mit ihm nach Nürnberg und wurde Mutter von zwei Töchtern. Als die Ehe nicht mehr gut lief, trennte sich das Paar. Maria Sibylla kehrte mit den Kindern nach Frankfurt zurück, um dort weiter zu zeichnen, zu malen, Bücher zu veröffentlichen und junge Frauen zu unterrichten. Sie schloss sich der religiösen Gemeinschaft der Labadisten an, ging nach Westfriesland, lebte eine Zeit lang in Amsterdam und unternahm von dort aus gemeinsam mit ihrer jüngeren Tochter die legendäre Reise nach Surinam. Krank und geschwächt, die Koffer voller Bilder, präparierter Tiere und Pflanzen, kehrte die Reisende nach Amsterdam zurück, wo sie 1705 ihr bekanntestes Werk über die Metamorphosen der Insekten Surinams, „Metamorphosis Insectorum Surinamensum oder Verwandlung der surinamschen Insekten" veröffentlichte (→ABB. 10A) und wo sie 1717 starb.
Die Reise nach Südamerika, das Buch von den Tieren und Pflanzen Surinams, die wunderschönen Bilder von exotischen Blumen und Insekten und deren Verwandlungen von der Raupe bis zum fertigen Insekt haben Maria Sibylla Merian Ehrenplätze in der Kunstgeschichte, in der Geschichte es weiblichen Kunstschaffens und in der Naturforschung gesichert.

GELBER STEINKLEE UND DIE GEHEIME WELT DER INSEKTEN

Im Gegensatz zu den prächtigen Bildern aus dem Surinam-Buch wirkt das kleine Bild aus dem Hessischen Landesmuseum jedoch sehr bescheiden. Zu sehen sind keine üppig-exotischen Blüten und Früchte, seltenen Insekten oder gar Schlangen, Riesenspinnen oder Krokodile in großen Formaten. Dargestellt sind stattdessen auf wenigen Quadratzentimetern unspektakuläre einheimische Lebewesen. Der gelbe oder echte Steinklee (*Melilotus officinalis*) wächst auf Schuttflächen und Industriebrachen. Die braune Tageule (*Euclidia glyphica*), die am oberen Bildrand flattert, ist so unauffällig, dass man sie in der Natur leicht übersehen kann. Der größere Falter ist ein sogenanntes Kleines Eichenkarmin (*Catocala promissa*) aus der Gattung der Ordensbänder. Auch diese Art ist nicht selten, man bekommt sie aber nicht häufig zu Gesicht, weil sie nachts unterwegs ist. Unscheinbare und versteckt lebende Lebewesen hat sich Merian also für ihr kleines Bild ausgesucht, und das in einer Zeit, in der andere Künstler prächtige Blumensträuße mit Rosen, Tulpen und Lilien malten und mit schillernden Faltern und Käfern schmückten. Warum und zu welchem

Zweck hat sie wohl ausgerechnet einen braunen Schmetterling, einen Nachtfalter und ein allgegenwärtiges Unkraut mit so viel Liebe zum Detail dargestellt?

Näher kommt man einer Antwort auf diese Fragen, wenn man einmal darüber nachdenkt, für welchen Zweck dieses Bild eigentlich geschaffen wurde. Pergament als Bildträger, wasserlösliche Farben und das kleine Format weisen darauf hin, dass es sich nicht um ein Bild handelt, wie es etwa Clara Peeters für Kunden gemalt hat, die ihre Wohnungen mit repräsentativen Bildern schmücken wollten. Pergament und Deckfarben als Malmaterialien haben wir bereits bei der Betrachtung von Jean Bourdichons Stundenbuch für Anne de Bretagne kennen gelernt. Und ganz ähnlich wie Bourdichon konzentrierte Merian sich auf kleinteilige, sehr exakt gearbeitete Darstellungen von Tieren und Pflanzen, die für ein Buch bestimmt sind. Doch hat Merian ihr Blatt nicht für eine bestimmte Auftraggeberin geschaffen wie Bourdichon, und auch nicht wie Clara Peeters für den Verkauf bestimmt. Merians Blatt entstand als Vorlage für einen Kupferstich (→ABB. 11). Sie malte es für den zweiten Teil ihres Buches „Der Raupen wunderbare Verwandelung und sonderbare Blumennahrung", das meist einfach als „Raupenbuch" bezeichnet wird und das sie 1683 veröffentlichte.

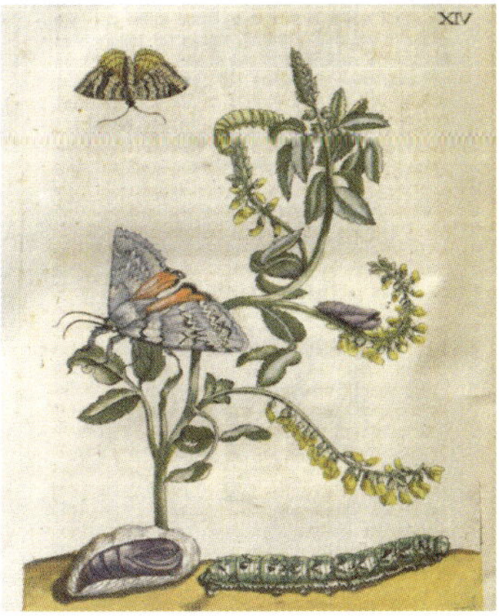

(ABB. 11) MARIA SIBYLLA MERIAN, Steinklee mit Schmetterlingen und Raupen, Kupferstich aus: Der Raupen wunderbare Verwandlung und sonderbare Blumennahrung, Frankfurt a.M., 1683, Tafel XIV

NACH DEM LEBEN GEMALT

Gefunden hatte Maria Sibylla Merian die auf dem Blatt abgebildeten Raupen auf einer Wiese in der Nähe von Nürnberg oder Frankfurt. Sie trug sie in ihr Atelier, malte sie ab und brachte sie in Schachteln und Kästen unter. Sie versorgte die Tiere mit Futter und pflegte sie über Wochen, Monate und manchmal über Jahre hinweg weiter. Sie beobachtete, zeichnete und beschrieb die Entwicklung der Tiere von der Raupe zur Puppe bis zum Schmetterling. Das alles wissen wir so genau,

weil Merian ihr Vorgehen im „Raupenbuch“ beschrieben hat und weil sie ihre Arbeitsweise akribisch dokumentierte.
So haben sich zum Darmstädter Blatt zwei Vorstudien erhalten, die im sogenannten „St. Petersburger Studienbuch“ gehütet werden – benannt nach dessen Aufbewahrungsort in der St. Petersburger Akademie der bildenden Künste. Das „Studienbuch“ ist ein Bilderalbum, in dem Maria Sibylla die Vorlagen für ihre Buchprojekte aufbewahrte. Zwei kleine Deckfarbenmalereien, auf unterschiedlichen Seiten des „Studienbuchs“ eingeklebt, bilden die Vorlagen für das Darmstädter Blatt. Die Raupen, Puppen und Falter auf dem Pergamentblättchen dort sehen genauso aus wie auf der Darmstädter Arbeit, wurden jedoch jeweils mit weiteren Insektenarten kombiniert, die auf unserem Blatt nicht wieder verwendet wurden. Jedem Tier hat Maria Sibylla Merian einen Schlagschatten mitgegeben, so dass es aussieht, als würden sie wie lebendige Lebewesen über das Blatt krabbeln. Die Künstlerin hat einen ganz ähnlichen illusionistischen Effekt herausgearbeitet, wie wir ihn bereits in Bourdichons Stundenbuch kennen gelernt haben.
Als Maria Sibylla ihre Blätter anfertigte, schmückten viele Maler ihre Werke mit Schmetterlingen, Raupen und Käfern. Manche widmeten den Insekten sogar ganze Bilder. In diesem Punkt folgte sie den Gewohnheiten der Stilllebenmalerei ihrer Zeit. Sie ist nicht etwa die Erfinderin des Insektenstücks. Auch das Sammeln von Insekten und Raupen, um die Entwicklung bis zum Schmetterling zu verfolgen, war damals eine beliebte Freizeitbeschäftigung, der Frauen und Männer gleichermaßen gerne nachgingen. Der wesentliche Unterschied zwischen Maria Sibylla und anderen an Insekten interessierten Menschen, Künstlern und Künstlerinnen ihrer Zeit besteht darin, dass sie die Tiere nicht als bloßen Zeitvertreib oder als dekorative Zutat für Gemälde betrachtet hat. Ihre Bilder erzählen ganz neue Geschichten, in denen es um die anschauliche Darstellung wissenschaftliche Sachverhalte ebenso geht wie um deren künstlerisch ansprechende Wiedergabe. Denn auch wenn wir die St. Petersburger Blättchen als Studien begreifen können, also als Arbeitsmaterialien und Vorstufen für das „eigentliche“ Bild, beweisen die Schlagschatten, die überlegte Komposition und die präzise Malerei, dass Maria Sibylla sich auch in diesem Stadium für die ästhetische Komponente ihrer Arbeit interessiert hat.
Interessanterweise fehlt auf den St. Petersburger Bildern jedoch der Steinklee. Erst auf dem Darmstädter Blatt hat die Malerin die Pflanze als das verbindende Element zwischen den Insektenarten hinzugefügt: Im „Raupenbuch“ berichtet die Autorin, dass sie beide Raupen im Klee

gefunden hat. Sie beobachtete, wie die eine Raupe sich im Mai verpuppte und Ende Juli zu einem nachtaktiven großen grau-roten „Mottenvogel“ entwickelte. Ob die Raupe in ihrer Obhut Futter angenommen hat, darüber schreibt die Autorin nichts. Tatsächlich wusste sie wohl nicht, welche Nahrung das Tier benötigte. Deshalb hat sie die Raupe auf ihrem Bild auch nicht im Klee dargestellt, sondern gab ihr einen Platz auf dem Boden. Heute wissen wir, dass diese Art Eichen- oder Kastanienblätter frisst. Vermutlich hat Maria Sibylla die Raupe zufällig zwischen den Kleepflanzen gefunden, vielleicht, weil sie von einem Baum gefallen war. Die grüne Raupe der Tageule hingegen frisst tatsächlich Steinklee. Die Malerin schreibt, dass sie das Tier dort auch entdeckt hat. Diese Raupe fütterte sie daheim im Atelier weiter und notierte, dass im Mai des folgenden Jahres ein kleiner brauner Falter aus der Puppe schlüpfte, der auf der Wiese ein verstecktes Leben führt. Der zeitliche Abstand in der Entwicklung der beiden Arten – das Eichenkarmin entwickelte sich noch im selben Jahr, die Tageule erst im Jahr darauf – erklärt, weswegen sie die Tiere zunächst auf unterschiedlichen Pergamentblättern porträtiert hat. Maria Sibylla hat also auf dem Darmstädter Blatt Einzelstudien zu einem neuen Bild zusammen geführt, die ursprünglich in großem zeitlichem Abstand entstanden. Dieses Vorgehen erklärt vielleicht die beobachteten perspektivischen Unstimmigkeiten.

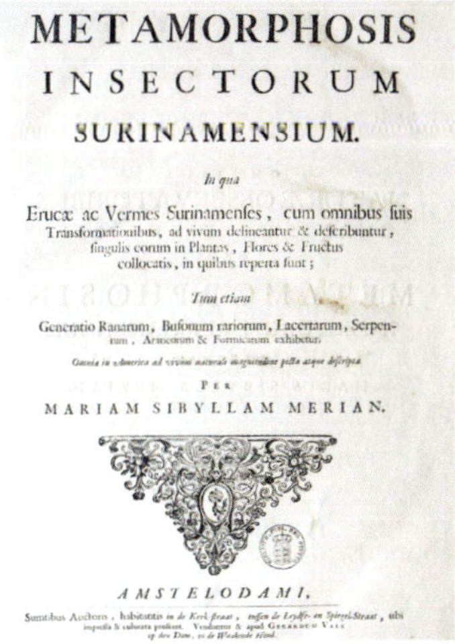

METAMORPHOSIS
INSECTORUM
SURINAMENSIUM.

In qua

Erucæ ac Vermes Surinamenses, cum omnibus suis Transformationibus, ad vivum delineantur & describuntur, singulis eorum in Plantas, Flores & Fructus collocatis, in quibus reperta sunt;

Tum etiam

Generatio Ranarum, Bufonum rariorum, Lacertarum, Serpentum, Araneorum & Formicarum exhibetur.

Omnia in America ad vivum naturali magnitudine picta atque descripta

PER

MARIAM SIBYLLAM MERIAN.

AMSTELODAMI,

Sumtibus Auctoris, habitantis in de Kerk-straat, tussen de Leydse- en Spiegel-Straat, ubi impressa & colorata prostant. Venduntur & apud Gerardum Valk op den Dam, in de Wakende Hond.

(ABB. 10A) MARIA SIBYLLA MERIAN, Metamorphosis Insectorum Surinamensum oder Verwandlung der surinamschen Insekten“, Amsterdam 1715, Titelblatt

Als ich später die Möglichkeit habe, das Darmstädter Blatt ohne Glasscheibe im Studiensaal der Graphischen Sammlung genauer zu betrachten, beginne ich Merians Arbeitsweise besser zu verstehen: Unter der Lupe sehe ich, dass sie die Umrisslinien für Tiere und Pflanzen hauchdünn vorgezeichnet hat. Unter den Farbflächen sind Schraffuren zu erkennen, mit denen sie Licht und Schatten herausarbeitete. Vermutlich hat sie zuerst den Steinklee gezeichnet und Flächen freigelassen, in die sie im nächsten Schritt die Tiere einpasste. Maria Sibylla hatte also offenbar genaue Vorstellungen, wie sie die einzelnen Elemente auf dem Blatt anordnen wollte. Nachdem sie die Komposition festgelegt hatte, begann sie mit der farbigen Ausgestaltung. Den Steinklee malte sie auf jeden Fall zuerst aus, das sehe ich an den farblichen Überschneidungen an den Rändern zum Eichenkarmin.

Maria Sibylla verwendete wasserlösliche Farben, die sie teilweise lasierend als Aquarell auftrug, an einigen Stellen aber auch mit deckendem Weiß abmischte. So sind Stängel, Blätter und Blütenkelche des Steinklees weiß gehöht, wodurch der Klee sehr plastisch wirkt. Ebenso wie die Zeichnung erscheint der Farbauftrag präzise, verrät jedoch auch eine gewisse Ökonomisierung der Mittel: So weichen etwa die Farben des Eichenkarmins auf Studienblatt und Darmstädter Bild voneinander ab. Anders als im Text beschrieben und auf den Studienblätter dargestellt, hat sie auf dem Darmstädter Blatt beide Schmetterlingspuppen im gleichen Farbton ausgemalt, ebenso verwendete sie für die Kleeblätter und die grüne Raupe das gleiche Grün. Dennoch hat sich Merian trotz kleiner Änderungen bemüht, die Tierstudien möglichst genau auf das Darmstädter Blatt zu übertragen. Aus diesem Grund hat sie wohl auch die perspektivische Darstellung des Eichenkarmins nachträglich nicht mehr der neuen Komposition angepasst.

Und noch etwas fällt mir auf: Die sandfarbene Bodenlinie verläuft auf dem Darmstädter Pergament nicht parallel zum Rahmen des Passepartouts, in dem das Blatt liegt. Als ich das Passepartout aufklappe, sehe ich, dass das Pergament schief abgeschnitten wurde. Ob Merian selbst dafür verantwortlich war, oder ob das Blatt nachträglich beschnitten wurde, ist nicht mehr auszumachen. Für die Aufbewahrung im Museum wurde dieser Umstand nicht korrigiert, wohl aber für die Fotografien. Und so erscheint die Abbildung des Darmstädter Blattes in diesem Buch in einer begradigten Version.

VORLAGE UND KUPFERSTICH

Maria Sibylla Merian malte das Darmstädter Blatt als farbige Vorlage für die Kupferstichtafel XIV im zweiten Band des „Raupenbuchs“, die bedingt durch den Druckvorgang im Buch seitenverkehrt wiedergegeben ist. Ihr Werk bot die Künstlerin in verschiedenen Versionen zum Verkauf an. In der preisgünstigen Version bekam man die Kupferstiche so, wie sie waren, also in Schwarz-Weiß. Die exakte Zeichnung, die feinen Muster auf der Raupenhaut und auf den Schmetterlingsflügeln und die deutlich herausgearbeiteten Hell-Dunkel-Kontraste wirken dennoch

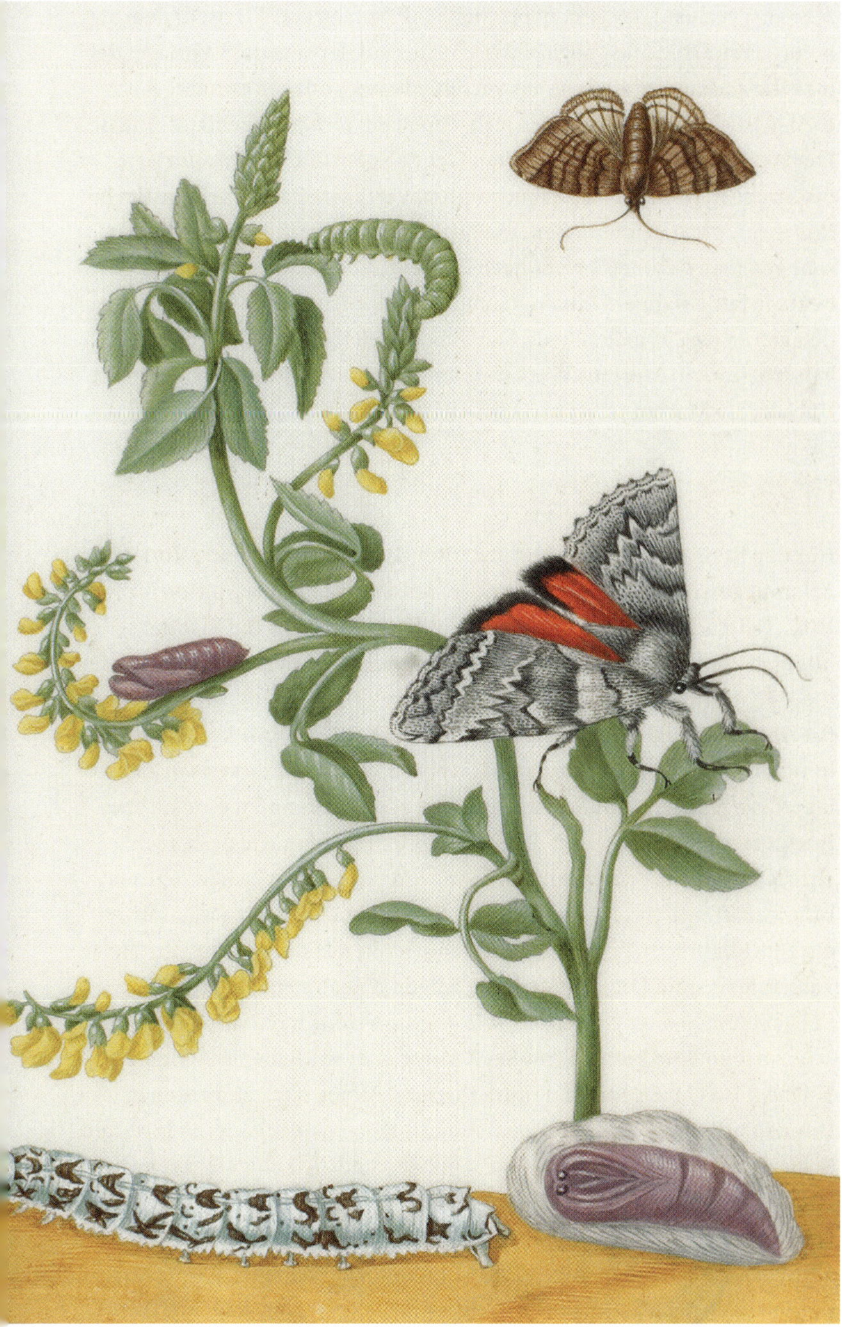

(ABB. 9) MARIA SIBYLLA MERIAN, Steinklee mit Schmetterlingen und Raupen, Wasserfarben auf Pergament, Hessisches Landesmuseum Darmstadt

sehr ansprechend. Insgesamt erscheinen Pflanzen und Tiere auf dem unkolorierten Druck fast noch plastischer als auf der gemalten Vorlage, der man die Zusammenstellung aus verschiedenen Vorlagen ansieht.
Einige Buchkäufer wünschten sich jedoch ein farbig ausgemaltes Buch. Der Arzt und Naturforscher Johan Georg Volckamer etwa kolorierte die Stiche in seinem Raupenbuch selbst. Vielleicht hatte die Künstlerin ihm ihre Vorlagen überlassen, vielleicht orientierte er sich auch an den sehr genauen Farbbeschreibungen im Text. Volckhamers Exemplar wird heute in der Erlanger Universitätsbibliothek aufbewahrt. Andere Kunden waren bereit, mehr Geld auszugeben, und ließen ihr Exemplar von Mitarbeitern in Merians Werkstatt kolorieren. Am teuersten waren die Bücher, die Merian selbst von Hand ausmalte.

PFLANZENMALERIN

Für den Steinklee auf dem Darmstädter Blatt ist bisher keine Vorlage bekannt geworden. Wir wissen aber, dass Maria Sibylla Merian ihre Pflanzenstudien in ähnlichen Alben aufbewahrte wie die Insektenbilder, diese Sammlung jedoch weniger systematisch ausbaute. Doch hat die Künstlerin ihre Karriere als Blumenmalerin begonnen und ist heute für ihre Pflanzenbilder ebenso berühmt wie für ihre Insektendarstellungen. Tatsächlich hat sie aber Gewächse und Insekten stets in Zusammenhang gesehen. Auf ihren Bildern ist gut zu erkennen, dass sie über ihre gesamte Schaffenszeit das eine so wichtig nahm wie das andere.
Ihre Karriere als Pflanzenmalerin begann mit dem zwischen 1675 und 1680 veröffentlichten sogenannten „Blumenbuch“. Es handelt sich um ein Florilegium, in dem damals beliebte blühende Blumen und Sträucher versammelt sind. Die Kupferstiche zeigen Anemonen, Hyazinthen, Schachblumen oder Narzissen, wie wir sie bereits bei Clara Peeters gesehen haben, und kleine Sträuße, Kränze oder Stillleben in Vasen und Körben. Im Unterschied zu Clara Peeters' Blumenstrauß werden im Blumenbuch die Gewächse von Schmetterlingen oder anderen Insekten begleitet. Hirschkäfer, Bläulinge, Libellen und ein Schwalbenschwanz lassen sich identifizieren. Nach den besonderen Beziehungen zwischen Pflanzen und Tieren fragt Merian im „Blumenbuch“ noch nicht. Den Konventionen der damaligen Blumenmalerei verpflichtet, konzentriert sie sich noch ganz auf die botanischen und dekorativen Aspekte.
So ist das „Blumenbuch“ als ein an Blumenliebhaber gerichtetes Florilegium auf den ersten Blick nicht außergewöhnlich. In der Vorrede zu der Neuauflage aller drei Teile von 1680 erwähnt Merian jedoch,

dass sie ihr Werk speziell an künstlerisch tätige Frauen richtet, denen es als Vorlagensammlung dienen sollte. Tatsächlich war Merian neben ihren künstlerischen und forschenden Interessen auch eine erfolgreiche Lehrerin. Sie unterrichtete junge Frauen in Nürnberg und Frankfurt, die sie als ihre „Jungfrauencompagnie" bezeichnete, in der Kunst der Blumenmalerei. Mit den Unterrichtsstunden stockte sie den Verdienst auf, den sie durch den Verkauf ihrer Bücher erzielte, die sie selbst schrieb, illustrierte und verlegte. Nach heutigem Verständnis war Maria Sibylla Merian eine selbstständige Unternehmerin. Neben dem Buchgeschäft und dem Unterricht präparierte sie Insekten, die sie an Sammler verkaufte, und sie handelte mit Malfarben für Künstler.
Die geheime Welt der Insekten, die sich in den Wiesen, Gärten und Wäldern direkt vor ihrer Haustür auftat, faszinierte Maria Sibylla schon in ganz jungen Jahren. Ihre ersten Insektenbilder malte sie vermutlich mit 14 Jahren. Bald begann sie tiefer in dieses unerforschte Reich einzutauchen. Sie stellte ihre eigenen Fragen, um mehr über die verborgenen Verbindungen zwischen Tieren und Pflanzen zu lernen. In der Metamorphose der Insekten fand sie schließlich ihr Thema, das sie ihr ganzes Forscherinnen- und Künstlerinnenleben beschäftigen sollte. Die Darstellung von Blumen blieb weiterhin ein wichtiger Teil ihrer Kunst, war aber nicht der einzige Schwerpunkt ihrer künstlerischen und forschenden Tätigkeit.

DAS RAUPENBUCH

So kann das „Blumenbuch" und die damit einhergehende langjährige künstlerische Auseinandersetzung mit den Gewächsen ganz gewiss als Grundlage für die Entstehung des „Raupenbuchs" gelten. In den insgesamt drei Bänden hat Maria Sibylla auf hundertfünfzig Tafeln einheimische Insekten dargestellt und beschrieben, ihre Nahrungspflanzen und Metamorphosen dokumentiert. Den ersten Band veröffentlichte sie 1679 in Nürnberg. Am dritten Band arbeitete sie nach der Fertigstellung des Surinam-Buchs in Amsterdam weiter. Er wurde nach ihrem Tod von ihren Töchtern herausgegeben. Die Kapitel des Raupenbuchs hat Maria Sibylla nach Pflanzenarten gegliedert. Bäume, Sträucher, Garten- und Wildpflanzen stellt sie darin als Futterpflanzen für die Raupen vor.
Blättert man durch die Bände des „Raupenbuchs", ist zu erkennen, dass Maria Sibylla Text und Bild als gleichwertig betrachtete. Jedem Bild ist eine Beschreibung der Tiere und Pflanzen beigefügt, die über Fundort,

Farben und Entwicklung der Lebewesen informiert. Ganz so wie auf dem Darmstädter Blatt stellt die Künstlerin auf den Stichen meist zwei verschiedene Insektenarten vor, die sie um eine einzelne Futterpflanze gruppiert. Auch aus diesen Gründen ist das Raupenbuch mit seinen Bildern von unscheinbaren einheimischen Tieren und Pflanzen so bedeutend. Im Raupenbuch entwickelte, formulierte und begründete Maria Sibylla Merian ihre Forschungsinteressen und sicherte ihre Methoden ab. Auf dem Darmstädter Blatt stellte sie die nur beim ersten Lesen banale Frage, was wohl aus Raupen wird, die man auf einem Unkraut namens Steinklee finden kann. Doch genau diese Frage führte sie viele Jahre später bis nach Surinam, wo sie fragt, welcher exotische Schmetterling sich aus einer Raupe entwickelt, die die Blätter des europäischen Granatapfels frisst. So ist das „Raupenbuch" die Grundlage für das spätere Surinam-Buch, das ohne die Vorarbeit so nicht hätte entstehen können. Maria Sibylla Merians besondere Fähigkeit, aus dem Übersehenen vor der eigenen Haustür neue Fragen zu entwickeln und darüber zu forschen, zu schreiben und zu malen, ist bis heute bemerkenswert und keineswegs selbstverständlich. Es verlangt mindestens ebenso viel Hartnäckigkeit, Durchsetzungsvermögen und Mut, ein ganzes Forscherleben einer bestimmten Frage zu widmen, wie als Frau ganz allein ein fernes Land zu bereisen, um weitere Antworten auf eine bereits zuhause entwickelte Frage zu finden.
Obwohl die Abbildungen im Raupenbuch jede für sich wunderschön sind, wirken sie dennoch weniger spektakulär als die wesentlich plakativere Darstellungen von Gewächsen und Tieren aus dem tropischen Surinam.

GRANATAPFEL UND MORPHOFALTER

Auf Tafel IX des Surinam-Buches ist ein prächtiger blauer Falter über einem Granatapfelzweig abgebildet (→VGL. ABB. 10B). Dargestellt hat Maria Sibylla die rot-gelbe Raupe, die aufgebrochene Haut der Puppe des Tieres und den fertigen Schmetterling in zwei Ansichten: Einmal sitzt er mit geschlossenen Flügeln auf der Blüte, und einmal flattert er mit geöffneten Flügeln über die obere Bildhälfte. Während die Raupe über einen dünnen Zweig krabbelt, scheint die Puppenhülle keinen festen Platz auf dem Bild zu haben. Ähnlich wie bei der Puppe des kleinen Eichenkarmins auf dem Darmstädter Blatt hat die Malerin wohl auch in diesem Fall auf eine eindeutige Zuordnung zwischen Tier und Futterpflanze verzichtet. Wir wissen, dass Maria Sibylla sich in Surinam Tiere und Pflanzen von den

Einheimischen bringen ließ, so dass sie nicht in jedem Fall kontrollieren konnte, in welche Zusammenhänge Tiere und Pflanzen ursprünglich gehörten. Um Fehler zu vermeiden, hat sie wohl auch in diesem Fall die Beziehungen zwischen Puppe und Pflanze nur angedeutet.
Wie im Raupenbuch ergänzt Maria Sibylla die Abbildungstafeln ihres Surinam-Buches mit einem erläuternden Text und beschreibt die Insekten, ihren Fundort und ihre Lebensgewohnheiten und die Phasen der Metamorphose. In den meisten Texten für das Surinam-Buch hatte Maria Sibylla entweder auf die Namen für Tiere und Pflanzen verzichtet oder folgte den Bezeichnungen der Einheimischen. Wie im Raupenbuch war sie auch bei diesem Projekt sehr vorsichtig bei Zuschreibung. Dass es sich bei dem Schmetterling um den blauen Morphofalter (*Morpho poloides*) handelt, der damals als *Papilio nestor* bezeichnet wurde, erfahre ich erst, als ich weitere Bücher zu Rate ziehe. Bei dem Granatapfel war sie sich hingegen sicher, er wird mit Namen bezeichnet. Auf eine nähere Beschreibung verzichtet sie jedoch, weil sie ihn bei ihren Lesern als bekannt voraussetzt. Sie berichtet lediglich, dass er sehr gut in Surinam wächst und von den Einheimischen nur wenig kultiviert wird.
Der Granatapfelstrauch war in Surinam ursprünglich nicht heimisch. Die Raupen des Morphofalters müssten daher eigentlich ganz andere Futterpflanzen bevorzugen. Doch offenbar hatte Maria Sibylla Glück, als sie die Raupe mit den Blättern des Granatapfelstrauchs fütterte. Vielleicht wurde sie dazu angeregt, es mit den Blättern zu versuchen, weil die erwachsenen Schmetterlingen sich vom Saft gärender Früchte ernähren, worauf sie auf ihrem Bild mit der aufgeplatzten Granatapfelfrucht hinweist.
Obwohl Maria Sibylla sich im Surinam-Buch deutlich auf ihre Vorgehensweise im Raupenbuch bezieht, Bilder und Texte auf dem Vorgängerwerk aufbauen, steht ihr Raupenbuch im Schatten des Surinam-Buches. Dies spiegelt sich in jüngeren Literatur zu Maria Sibylla Merian wieder, in denen überwiegend die farbenprächtigen Bildtafeln des Surinam-Buches reproduziert werden oder die Künstlerin meist als die Frau vorgestellt wird, die es wagte, alleine in ein fremdes tropisches Land zu reisen, um dort zu forschen.

KÜNSTLERIN, FORSCHERIN UND LEHRERIN

Im Raupenbuch hat Merian jedoch ihre analytischen, künstlerischen und didaktischen Fähigkeiten zu einem Forschungsprojekt gebündelt, an dem sie ihr ganzes Leben weiter gearbeitet hat und das in seiner Konsequenz bis heute beeindruckt. Dazu kommt, dass Merian ja keine Gelehrte war. Ihre Eltern waren Handwerker. Sie hatte nicht studiert und lernte erst spät Latein, um sich mit Fachleuten zu verständigen. So schrieb sie auch das Raupenbuch auf Deutsch. Vielleicht wollte sie sie mit dem deutschen Text gezielt Frauen als Käuferinnen und Leserinnen ansprechen, so wie sie mit ihrem Blumenbuch künstlerisch tätige Frauen als Käuferinnen gewinnen wollte. Selber Autodidaktin, wandte sie sich mit ihrem Buch nicht an Wissenschaftler, sondern an interessierte Laien, wie sie im Vorwort schreibt. Als forschende Frau in einer männlich geprägten Gelehrtenwelt suchte sie sich einen Platz als Vermittlerin zwischen Wissenschaft und Publikum. Im Raupenbuch bereitete sie wissenschaftliche Sachverhalte und neuste Forschungen für ein breiteres Publikum auf. Während Merian sich bei den Pflanzenbeschreibungen im Raupenbuch sicher genug fühlte, die Gewächse mit ihren lateinischen und den deutschen Namen zu beschriften und das Buch nach den Futterpflanzen zu ordnen, war sie bei den Insekten vorsichtiger und verzichtete auf die exakten Benennungen. Offenbar war es ihr wichtig, nicht mit den (männlichen) Insektenspezialisten zu konkurrieren.

Als Forscherin verließ Merian sich ganz auf ihren eigenen Verstand. Als Künstlerin griff sie auf ein solides handwerkliches Fundament zurück, das sie von ihren Eltern erworben hatte. Sie nutzte den sozialen Spielraum, den sie als verheiratete Frau und Mutter in der damaligen Zeit hatte, und suchte sich eine Nische im männlich geprägten Kunst- und Wissenschaftsbetrieb, in der sie zunächst geduldet und später zunehmend respektiert wurde: Sie beschäftigte sich mit Blumen und Insekten, weil die Konventionen diese weibliche Tätigkeit zuließen und in gewissen Rahmen sogar förderten. Sie malte auf Pergament mit Wasserfarben und stach ihre Werke auf Kupferplatten, weil sie es in der Werkstatt ihrer Eltern gelernt hatte und weil die Gesetze damals zum Beispiel in Nürnberg Frauen für die Ölmalerei nicht zuließen. Sie besaß ein Talent zu Vermittlung, also unterrichtete sie andere Frauen und stellte die Blumenmalerei in den Dienst des Nützlichen.

Merians Leben und Laufbahn verdeutlichen die Möglichkeiten, als Frau im 17. Jahrhundert künstlerisch und wissenschaftlich tätig zu sein und Anerkennung vom Publikum, Künstlern und Wissenschaftlern gleichermaßen zu finden.

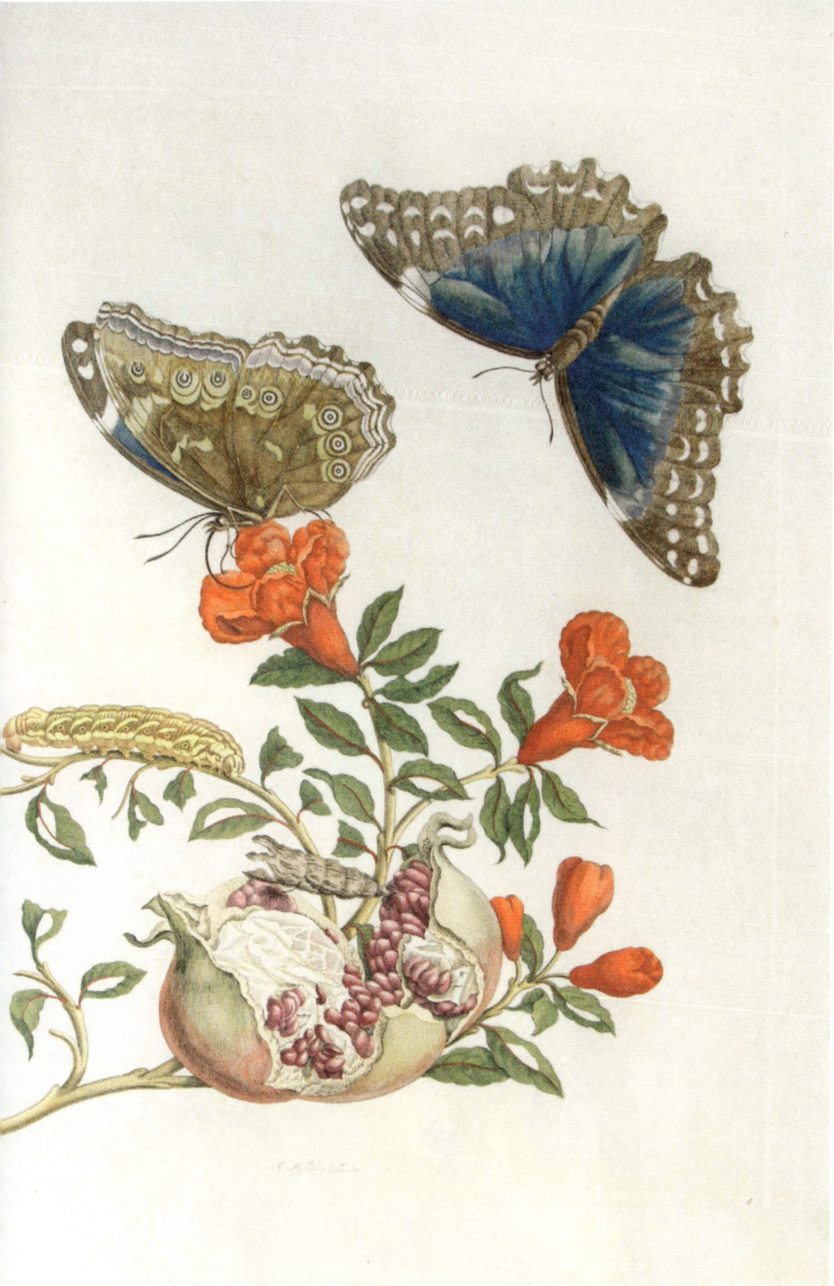

(ABB. 10B) MARIA SIBYLLA MERIAN, Granatapfelzweig und blauer Morphofalter, kolorierter Kupferstich aus: Metamorphosis Insectorum Surinamensum oder Verwandlung der surinamschen Insekten“, Amsterdam 1715, Tafel IX

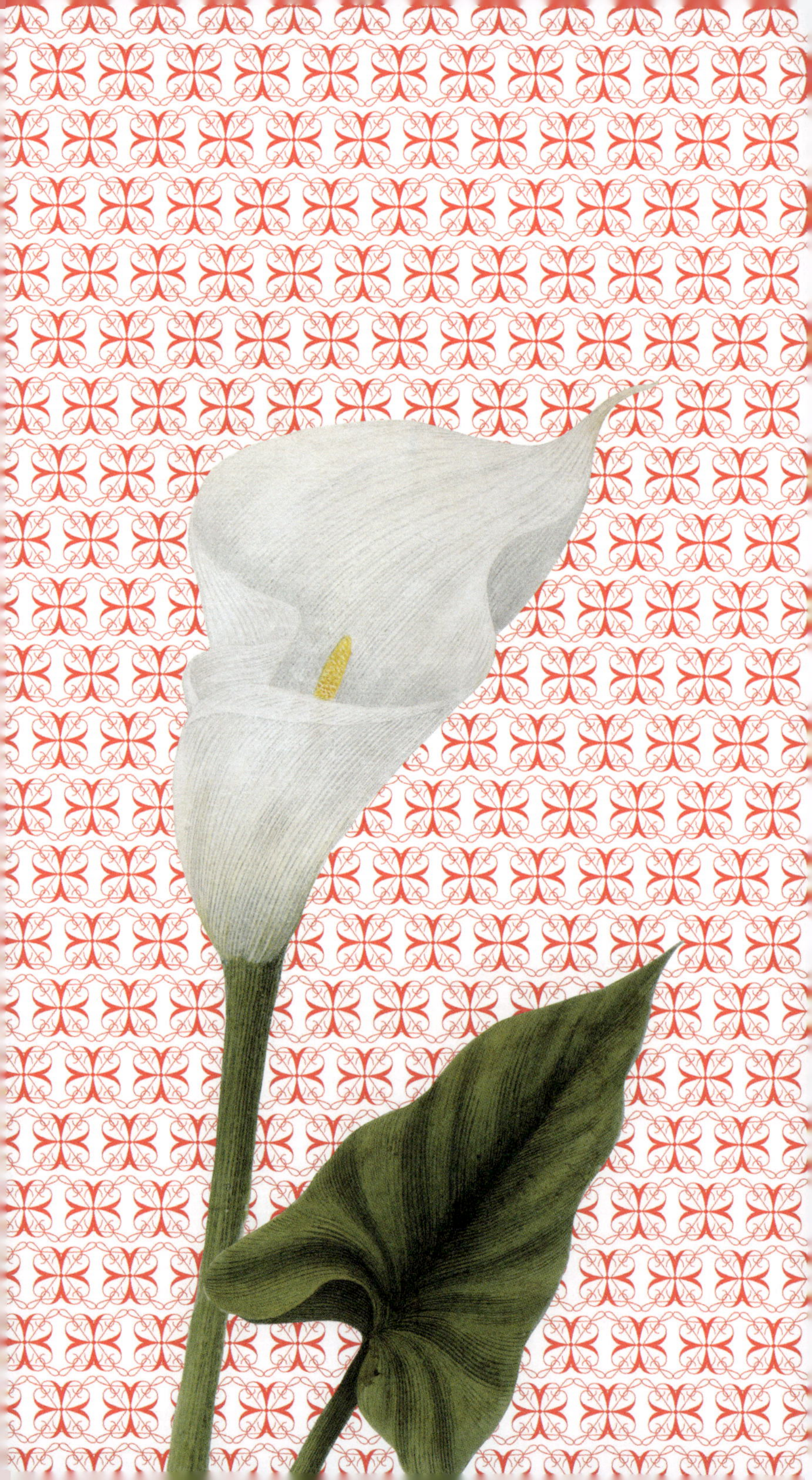

6

Malerin für die Königin.

ANNE VALLAYER-COSTER

(1744-1818)

Maria Sibylla Merians künstlerischer Werdegang ist gewiss ein ungewöhnliches Beispiel für ein Künstlerinnenleben im Umfeld der Blumenmalerei, eine echte Ausnahme war ihre Karriere im späten 17. Jahrhundert aber nicht. Zur gleichen Zeit wie Maria Sibylla malte etwa Maria van Oosterwyk (1630–1693) Blumenbilder in Delft und Amsterdam. Ebenfalls in Amsterdam hatte sich Rachel Ruysch (1664–1750) auf Arrangements in Vasen und Waldbodenbilder spezialisiert, in denen auch Insekten eine wichtige Rolle spielten. Tatsächlich waren auch im gesamten 18. Jahrhundert Blumenstillleben unter Kennern und Sammlern sehr begehrt. Künstler und Künstlerinnen in diesem Fach konnten es in dieser Zeit zu Wohlstand, Ruhm und akademischen Ehren bringen, so etwa die französische Malerin Anne Vallayer-Coster, die in der zweiten Hälfte des 18. Jahrhunderts zu den bekanntesten Blumenmalerinnen in Frankreich zählte.

MALERIN IN PARIS

Geboren wurde Anne Vallayer als Tochter eines Goldschmieds und einer Miniaturenmalerin in Paris. Ihre Eltern ließen die talentierte Tochter in der Kunst der Blumenmalerei bei verschiedenen Lehrern unterrichten. Die Stillleben der begabten jungen Frau erregten die Aufmerksamkeit des Pariser Publikums. Bald waren ihre Bilder bei Künstlern ebenso beliebt wie bei den reichen Pariser Kunstsammlern. Und so erstaunt es nicht, dass ihre Arbeit auch das Interesse des französischen Hofs weckte. Die Königin Marie Antoinette förderte die Malerin und versorgte sie mit

Aufträgen. Sie unterzeichnete sogar die Urkunde zur Eheschließung mit dem Anwalt Jean-Pierre Silvestre Coster. Mit der Revolution von 1789 und mit dem Sturz der Monarchie endete Annes Karriere jedoch. Mit der Königin freundschaftlich verbunden, auch in Revolutionszeiten königstreu, verlor sie ihre Auftraggeber. In der Zeit nach der Revolution geriet sie zunehmend in Vergessenheit, obwohl sie weiterhin Blumen malte und ihre Bilder ausstellte. Sie starb 1818 mit 73 Jahren in Paris.
Anne war eine sehr produktive Künstlerin, die insgesamt über 120 Blumenbilder hinterließ und neben Stillleben auch Porträts malte. Ihre Blumenbilder dienten als Vorbilder für Tapisserien und wurden als Kupferstiche vervielfältigt. Doch werden ihre Bilder heute überwiegend in privaten Sammlungen aufbewahrt, nur wenige Bilder sind in Museen zu sehen. Daher war es lange Zeit still um die Kunst von Anne Vallayer-Coster. Ihr Name wurde unter Stilllebenkennern und feministischen Forscherinnen als Geheimtipp gehandelt. Diskutiert wurde sie meist als Nachahmerin ihres berühmteren Kollegen Siméon Chardin (1699–1779). Erst eine Ausstellung im amerikanischen Dallas Museum of Art im Jahr 2003 zeigte der Öffentlichkeit, was für eine großartige Malerin Anne gewesen ist und dass ihr dort gehütetes „Bouquet mit Blumen in einer Terrakotta-Vase mit Pfirsichen und Trauben“ ganz sicher als ein Meisterwerk der Blumenmalerei gelten kann (→ABB. 12).

BLUMENBILDER IM 18. JAHRHUNDERT

Ein Blick auf das Datum neben der Signatur auf der linken Bildseite verrät, dass Anne die prächtige Komposition 1776 vollendet hat. Das annähernd quadratische Bild misst über einen Meter in der Höhe und ist mit Ölfarben auf Leinwand gemalt. Zum Vergleich: Clara Peeters hatte für ihr Bild – wie damals üblich – eine Eichenholztafel verwendet.
Stellt man Claras Bild neben das von Anne, wird deutlich, wie sehr sich die Blumenbilder in den vergangenen 160 Jahren verändert hatten. Dabei sind die Unterschiede nur zum Teil auf den unterschiedlichen Geschmack niederländischer und französischer Künstler und Sammler zurück zu führen. Die Kunst der niederländischen Blumenmaler galt auch in Frankreich als vorbildlich. So orientierte sich Anne nicht nur an Chardin, sondern auch an dem in Frankreich sehr beliebten niederländischen Blumenmaler Jan van Huysum (1692–1749) und an dem Niederländer Gerard van Spaendonck (1746–1822), ihrem wichtigsten Konkurrenten in Paris. Vor allem aber hatten sich im 18. Jahrhundert in Frankreich die Bedingungen geändert, unter denen Frauen Bilder malten, und die

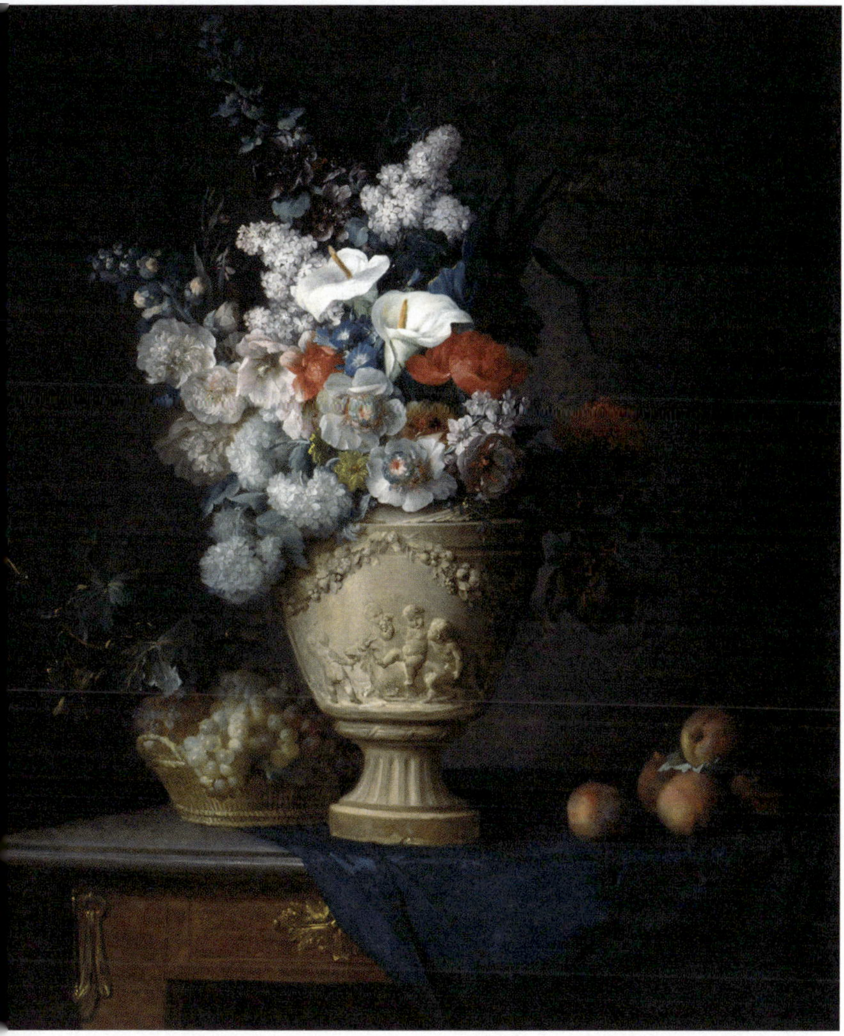

(ABB. 12) ANNE VALLAYER-COSTER, Blumenbouquet in einer Terrakotta-Vase mit Pfirsichen und Trauben, 1776, Öl/Leinwand, Dallas, Dallas Museum of Art

Kategorien, mit denen sie bewertet wurden. Dies alles prägte Annes Stil und ist auf ihren Bildern zu erkennen. Die starke Konkurrenz und das große Angebot an Blumenbildern führen dazu, dass Anne sich absetzen muss, um wahrgenommen zu werden. Das gebildete Publikum erwartet von einer Malerin der Académie allegorische Bezüge, die es auf den Bildern entschlüsseln kann, und Bilder, die dem aktuellen Kunstgeschmack entsprechen: Die Darstellung von Erlesenem, Seltenen, Bezüge zu den

Gartenmoden Landschaftsgarten und Orangerie und das Interesse an exotischen Pflanzen, die aus fernen Gegenden nach Europa kommen. Anne trägt diesen Zeitströmungen in der Komposition wie auch in der Auswahl der Blumen und Vasen Rechnung, wie wir sehen werden. Bereits auf den ersten Blick wird deutlich, dass Anne auf ihrem Bild einiges anders gemacht hat als Clara Peeters: Anne rückt auf ihrem Bild die Blumenvase in den Bildmittelpunkt und rahmt die Blütenpracht mit Trauben und Pfirsichen. Arrangiert hat sie alles auf einem Tisch mit

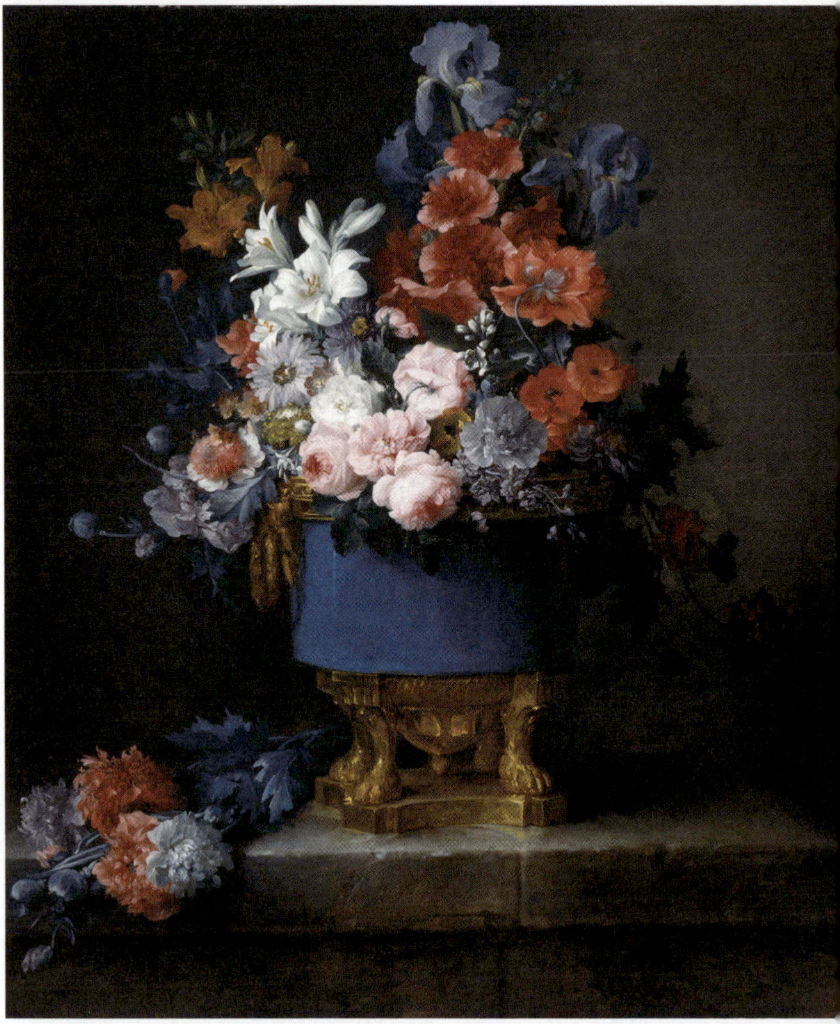

(ABB. 13) ANNE VALLAYER-COSTER, Blumenbouquet in einer blauen Porzellan-Vase, 1776, Öl/Leinwand, Dallas, Dallas Museum of Art

goldenen Verzierungen im Stil des ausgehenden Rokoko. Die gewählte Untersicht lässt die Dinge wuchtig und beinahe monumental erscheinen. Blumen und Obst werden von einem einzelnen Lichtstrahl beleuchtet, der die Szene in ein dramatisches Hell-Dunkel taucht. Die Pfirsiche auf der blauen Tischdecke scheinen im Dämmerlicht geradezu zu glühen. Sie gäben bereits ein eigenes Stilllebenmotiv ab, ebenso wie der Korb mit den Trauben auf der anderen Seite. Beide Elemente treten auf diesem Bild aber hinter dem Blumenstrauß zurück. Die Blumen werden von der strahlenden Beleuchtung zu einer duftig-leichten Wolke zusammengefasst. Die wie schwebend wirkende Blütenfülle hat Vallayer-Coster mit einer massiven Tonvase kombiniert, auf deren Relief nach antiken Vorbildern gestaltete Putten mit einer Ziege spielen und Weintrauben naschen. Dramatisches Licht, zarte Farben und die Mischung von antiken und zeitgenössischen Elementen sind typisch für die französische Malerei in der Zeitspanne zwischen der Mitte des 18. Jahrhunderts und dem Beginn der französischen Revolution. Und so ist Anne Vallayer-Costers „Bouquet“ ganz den modischen Konventionen der damaligen französischen Malerei verpflichtet.

BLUMENPRACHT IM ROKOKO-GARTEN

Auch die Auswahl der Blumen im Strauß ist sehr bewusst getroffen. Das zeigt sich, wenn man die einzelnen Blüten näher anschaut. Hatte Clara Peeters zu Beginn des 17. Jahrhunderts noch jede einzelne Blume isoliert betrachtet und Platz zwischen den Stängeln gelassen, so präsentiert Anne ein großes unbestimmtes Blütengebilde. Erst bei genauerem Hinschauen wird deutlich, dass es sich bei den rosigen, weißen und bunten Blütenbüscheln um verschiedene Arten handelt. Doch obwohl Anne jede Blüte bis in die Details genau wiedergibt, lassen sich wie bei Clara Peeters nicht alle Arten mit Sicherheit bestimmen. Sei es, weil die zur Bestimmung nötigen Laubblätter nicht zu sehen sind, die Größenverhältnisse nicht exakt wiedergegeben wurden, weil es sich um Formen handelt, die heute nicht mehr existieren, oder weil sich die Farben auf dem Bild verändert haben. Mit Sicherheit zu erkennen ist jedoch die rote Pfingstrose (*Paeonia*) am rechten Rand des Straußes. Pfingstrosen hatten im 18. Jahrhundert bereits eine lange Geschichte in der Gartenkultur. Im Mittelalter lobten Hildegard von Bingen und Albertus Magnus ihre Heilkräfte. Martin Schongauer verzierte im 15. Jahrhundert die Laube seiner „Maria im Rosenhag“ mit roten Pfingstrosen, Jan van Eyck malte sie auf dem Genter Altar, Bourdichon präsentiert sie im Stundenbuch der Anne de Bretagne und Maria Sibylla

Merian schmückte ihr „Blumenbuch" mit den prächtigen Blüten. Vom Mittelalter an waren Pfingstrosen in den Gärten des Adels ebenso verbreitet wie bei Bürgern und Bauern. Kaum ein Blumenmaler verzichtete auf sie. Neue Arten aus Ostasien und gefüllte Formen, wie sie auf Annes Bild zu sehen sind, drängten seit dem 16. Jahrhundert die einfach blühenden, ursprünglich aus Südeuropa stammenden Pfingstrosen in den Hintergrund.
Die rote Blüte links neben der Pfingstrose in der Mitte des Bouquets gehört zu einer Kronen-Anemone (*Anemone coronaria*). Sie ähnelt dem Exemplar, das wir bereits auf auf Peeters Bild kennen gelernt haben. Zwei weitere blassrosa Anemonen unter der roten Blüte bestätigen das beständige Interesse an den Zuchtformen. Auch über einhundertfünfzig Jahre nach Clara Peeters Blumenstrauß gehörten Anemonen offenbar immer noch zu den beliebtesten Gartenblumen.
Neben die Anemonen malte Anne zwei leuchtend gelbe Farbtupfer, mit denen vermutlich gefüllt blühende Narzissen (*Narcissus*) gemeint sind. Als Gartenpflanzen sind einheimische Narzissen spätestens seit dem 16. Jahrhundert in Kultur.
Zu erkennen sind zwei verschiedene Stockrosensorten (*Alcea*). Am oberen Rand des Gebindes ragen dunkelrote, fast schwarze Blüten heraus. Weiter unten zeigt eine rosig-weiße gefüllte Sorte ihre Schönheit. Die ersten gefüllten Stockrosen kennen wir aus dem 16. Jahrhundert. Ungefüllte Varietäten wurden bereits im 15. Jahrhundert auf Bildern dargestellt. Ursprünglich stammt die Stockrose aus dem östlichen Mittelmeergebiet und Kleinasien. In spätmittelalterlichen Kräutergärten pflegte man sie als Heilpflanze. Die Blüten der dunkelroten Form dienten als Färbemittel. Im 18. Jahrhundert war die Stockrose aber zuallererst eine weit verbreitete und äußerst beliebte Zierpflanze für den Garten und gehörte damals zu den auf Stillleben besonders häufig dargestellten Pflanzen.
Zwischen die Stockrosen hat Anne weiß blühende Fliederzweige gesetzt. Über die Türkei kam der ursprünglich aus dem Balkan stammende Fliederstrauch (*Syringa vulgaris*) nach Europa, wo er sich seit dem 16. Jahrhundert in den Gärten rasch ausbreitete. Im schon erwähnten Florilegium Hortus Eystettensis ist neben den ursprünglichen blass-violetten Blüten erstmals eine weiße Form zu sehen. Als Anne ihr Bild malte, war Flieder bereits ein allgemein bekannter und in vielen Gärten und Parks gepflegter Strauch.
Dies gilt auch für den Garten-Schneeball (*Viburnus opulus rosea*), dessen reinweiße Blütenbüschel den unteren linken Rand des Straußes schmücken. Seine Wildform, der gewöhnliche Schneeball (*Viburnum*

opulus), ist in den feuchten Wäldern Mitteleuropas heimisch. Seit dem 16. Jahrhundert wird der Garten-Schneeball mit seinen großblütigen kugeligen Blütenständen in Gärten kultiviert. Beliebt war der Zierstrauch in den in der zweiten Hälfte des 18. Jahrhunderts aufkommenden Landschaftsparks.

Die kleinen blauen Blüten zwischen der roten Kronen-Anemone und der Pfingstrose gehören zur dreifarbigen Winde *Convolvulus tricolor*. Die Art stammt aus dem dem westlichen Mittelmeerraum und eroberte in der zweiten Hälfte des 17. Jahrhunderts einen festen Platz in den Blumenstillleben. Im Englischen wird sie auch als „Morning Glory" bezeichnet, weil sie ihre Blüten am Vormittag öffnen und bereits am Nachmittag welken. Ein Umstand der auch für die ganz ähnlich aussehende, ebenfalls leuchtend blaue *Ipomea purpurea*, die Prunkwinde zutrifft, die um 1600 aus dem tropischen Amerika nach Europa kam und ebenfalls – wenn auch nicht so häufig – auf Blumenbildern dargestellt wurde. Im Unterschied zur dreifarbigen Winde ist die Ipomea eine Schlingpflanze, der das für die dreifarbige Winde typische Gelb im Schlund fehlt. Dass Annes dreifarbige Winden ohne Gelb auskommen, dürfte jedoch an den Farbveränderungen liegen, die das Bild durchgemacht hat.

Zwischen der gefüllten Stockrose und der roten Kronen-Anemone ist eine rosaweiße Blüte des Straucheibisch (*Hibiscus syriacus*) zu erkennen. Gegen Ende des 16. Jahrhunderts gelangte der ursprünglich aus China stammende Strauch über türkische und arabische Gärten nach Mitteleuropa. Im Hortus Eystettensis sind bereits eine purpurrote und eine weiß und rot geflammte Form abgebildet. Im 18. Jahrhundert war der Straucheibisch in vielen verschiedenen Farben erhältlich. Im Unterschied zu den heutigen, relativ winterharten Varietäten wurden die frostempfindlichen damaligen Formen in Orangerien überwintert. Dies machte den Eibisch damals zu einer seltenen und teuren Pflanze, die in den Gärten weniger begüterter Gartenblumenfreunde ohne teure Orangerie nicht vertreten war.

Dargestellt hat Anne auf diesem Bild ausschließlich hochgezüchtete Gartenpflanzen: neben traditionellen Gartenblumen wie Pfingstrose, Anemone, Stockrose, Gartenwinde und Flieder seltene Varietäten wie gefüllte Narzissen, Neuheiten im Garten wie die Prunkwinde, Modepflanzen wie den Schneeball und empfindliche Blumen wie den Straucheibisch. Wildblumen oder den Wildformen nahestehende Varietäten kommen nicht vor. Man spürt die Lust der damaligen Betrachter am Erlesenen, Gesuchten, Kultivierten. Dies wird in einer Blume besonders deutlich, die den Mittelpunkt des Straußes bildet.

Während unterschiedlich gefärbte Blüten des Strauchelbisch auf Stillleben seit dem späten 17. Jahrhundert gelegentlich dargestellt werden, sind die beiden weißen Blüten der Calla (*Zantedeschia aethiopica*), die aus der Mitte des Bouquets herausragen, für ein Blumenstillleben dieser Zeit ganz und gar außergewöhnlich. Meines Wissens dürfte es sich auf Annes Bild um die allererste Darstellung der umgangssprachlich meist als Zimmercalla bezeichneten Pflanze in einem Stillleben-Gemälde überhaupt handeln. Das nächste Beispiel habe ich auf einem Bild von Gregorius van Os von 1815 im Historischen Museum von Amsterdam gefunden. Van Os präsentiert eine einzelne Calla-Blüte in einem üppigen Blumenstillleben mit einer Muschel vor einer Landschaft, das vermutlich Annes Arbeiten zum Vorbild hatte.
Die Zimmercalla gehört zur Familie der Aronstabgewächse. Ihren deutschen Namen teilt sie mit der verwandten einheimischen Sumpfcalla (*Calla pallustris*). Die wärmebedürftige Zantedeschia wurde im 18. Jahrhundert wie der Strauchelbisch in Orangerien überwintert, dementsprechend selten und teuer müssen damals die Blüten gewesen sein. Forscher hatten die Pflanze im späten 17. Jahrhundert erstmals aus ihrer Heimat in Südafrika nach Europa gebracht. Bald fand sie den Weg in die Gärten der Spezialisten und in die Orangerien. Im 19. Jahrhundert war die Zimmercalla in vielen Gewächshäusern und Wintergärten vertreten und entwickelte sich zu einer beliebten Schnittblume. Um 1900 gehörte sie zum Standardrepertoire der Jugendstilkünstler, und seit 1923 brachte es eine amerikanische Künstlerin mit ihren großformatigen Nahansichten einzelner Calla-Blüten zu weltweitem Ruhm, davon aber im 9. Kapitel mehr.
Eine echte Rarität hat Anne Vallayer-Coster demnach in ihr Stillleben gemalt. Die weißen Blüten der Calla bestechen durch ihre anmutige Gestalt ebenso wie durch ihren angenehmen Duft. Tatsächlich wurde die Zantedeschia von den frühen Forschern zunächst als „wohlriechender Aronstab“ bezeichnet, bevor sie ihren endgültigen Namen erhielt. Den Duft teilt sie mit dem auf dem Bild ebenfalls dargestellten Flieder, dem Garten-Schneeball und mit den Narzissen. Ob den Betrachtern des Bildes der Duft der Blüten ebenso gegenwärtig war wie die Verweise auf Orangerie, Blumengarten und Landschaftspark?

GÄRTEN UND GÖTTER

Anne hat – wie schon gesagt – Wildblumen nicht in ihr Bild aufgenommen, sondern nur hochgezüchtete Gartenpflanzen. Sie mischte Gartenblumen, die bereits in Bourdichons Stundenbuch dargestellt wurden, mit Neueinführungen und Exoten. Die im 18. Jahrhundert herrschende Begeisterung für Duftpflanzen und für exotische Orangeriegewächse ist dem Bouquet ebenso anzusehen wie die Vorliebe für gefüllte Blüten und für die damals in Frankreich neu aufkommenden Landschaftsparks. Auch die Vase, in der Anne die ganze Blumenpracht untergebracht hat, unterstreicht die Gartenbegeisterung der französischen Oberschicht in dieser Zeit. Gerne dekorierte man damals die Gärten mit Vasen und Amphoren nach dem Vorbild der griechischen und römischen Antike. Mythologische Szenen um die Liebesgöttin Venus oder um den Weingott Bacchus sollten die Gartenbesucher in die sinnenfrohe Welt der griechischen Antike entführen. Die farbenprächtigen, duftenden Frühlings- und Sommerblumen in der antikisierenden Vase verweisen auf die die schönen und sorglosen Zeiten im Garten. Die auf der Vase dargestellten Götterkinder, die Girlande aus Früchten und Blüten, die Ziege und der Wein gehören ebenso wie die die Pfirsiche und Trauben neben der Vase zum Umfeld von Bacchus und Venus. Anne erzählt auf ihrem Bild mit Blumen, Früchten und Vasenrelief vom Verlauf der Jahreszeiten, von der Fruchtbarkeit der Natur, von der herbstlichen Erntefülle, vom Wein und vom Garten als Ort der sinnlichen Liebe. Die Zantedeschia mit ihrem phallisch wirkenden Blütenstand hat vielleicht bereits damals die erotische Phantasie angeregt. Sie lässt sich in dieser Lesart jedenfalls mühelos in das Arrangement einfügen.

CALLA UND MADONNENLILIE

Dass Anne die Zantedeschia tatsächlich wohlüberlegt in das Bouquet mit aufgenommen hat, wird deutlich, wenn man das Gegenstück betrachtet, das in Größe, Aufbau und Farbe auf unser Bild bezogen ist (→ABB. 13). Anne Vallayer-Coster hatte die beiden Bilder als Paar konzipiert, verkaufte sie zusammen und stellte sie zusammen aus. Doch präsentiert das „Blumenbouquet in einer blauen Porzellanvase" im Unterschied zu unserem Bild neben Stockrosen und Anemonen auch Rosen, Iris und weiße Madonnenlilien (*Lilium candidum*). Die prominent platzierten Madonnenlilien nehmen auf diesem Bild den Platz der Calla ein. Doch obwohl Lilien und Calla sich in Farbigkeit, Größe und Platzierung ähneln, geben sie den Stillleben unterschiedliche Aussagen: So werden Madonnenlilien wie Rosen und Iris traditionell der Jungfrau Maria zugeordnet. Die Rosen symbolisieren mit ihrer roten Farbe und den Dornen die Schmerzen und Leiden der Muttergottes, die blaue Iris erinnert an den Mantel Mariens und ihren Rang als Königin des Himmels. Die weiße Blüte der Lilie steht seit dem Mittelalter für Reinheit, Unschuld und Jungfräulichkeit der Muttergottes. Die tiefblaue Porzellanvase ohne weiteres Dekor mag ebenfalls an den Himmel erinnern.

Für die südafrikanische Calla fehlen christlichen oder traditionellen Bedeutungen. Stattdessen unterstützt sie die anderen Elemente des Bouquets, wie die Vase aus gebranntem Ton, die Putten und die Früchte, die auf ganz irdische Vergnügungen, auf heidnische Feste, auf Bacchus und Venus anspielen. So mag Anne die phallischen Blüten der Calla ganz gezielt als Kontrast zur unschuldigen Madonnenlilie eingefügt haben, die mit Iris und Rosen auf die Gärten des himmlischen Paradieses verweist. Himmlische und irdische Liebe – so scheint die Malerin in der Gegenüberstellung der beiden Bilder geradezu dazu aufzufordern, nach Gegensätzen, Kontrasten und Gemeinsamkeiten zu suchen und ganz unterschiedliche Geschichten zu erfinden.

KÄUFER

Das „Bouquet mit Blumen in einer Terrakotta-Vase mit Pfirsichen und Trauben" verkaufte Anne zusammen mit dem Gegenstück an den Kunstsammler Jean-Baptiste-Francois Montullé. Der Adelige Montullé war Ehrenmitglied der französischen Kunstakademie und unterhielt als Mitglied des Hofes beste Verbindungen zur Königin. Dies alles machte ihn zu einem wichtigen, kunstbegeisterten, gebildeten und wohlhabender Kunden der Malerin. Möglicherweise hat die Künstlerin die beiden Bilder auf die Kenntnisse und Wünsche ihres Kunden abgestimmt, von dem wir wissen, dass er ein Schloss mit einem großen Park besaß. Doch ist über Annes Arbeits- und Verkaufspraxis nur wenig bekannt. Sehr wahrscheinlich hat sie ihre Stillleben „auf Vorrat" gemalt und die fertigen Werke im Atelier ausgestellt, das sie an bestimmten Tagen für das Publikum öffnete. Dieses Vorgehen kennen wir zumindest von anderen Pariser Künstlern dieser Zeit.

Ob Montullé die Künstlerin mit den beiden Stillleben beauftragte oder ob er die fertigen Bilder in ihrem Atelier ausgesucht hat, ist nicht überliefert. Immerhin wissen wir, dass er die Bilder sehr geschätzt haben muss. Als Montullé 1783 gezwungen war, einen Teil seiner Kunstsammlung zu veräußern, behielt er Annes Bilder zurück. Erst 1891 verkauften seine Nachkommen das Bilderpaar. Nach dem Verkauf galten die Werke lange Zeit als verschollen und tauchten erst in den 1990er Jahren im Kunsthandel wieder auf. Seit 1998 gehören die Werke zu den Schätzen des Dallas Art Museum in Texas.

Auch Anne muss von der Qualität ihrer Bilder überzeugt gewesen sein. Sie stellte beide Werke 1777 im sogenannten „Salon“ der französischen Kunstakademie, der Académie royale de peinture et de sculpture aus, der alle zwei Jahre in einem Saal des Louvre stattfand. Im Salon konnten die Mitglieder der Gemeinschaft der Maler und Bildhauer in Paris ihre Werke einem großen Publikum vorstellen. In einer Zeit, in der es noch (fast) keine Museen oder Verkaufsgalerien in unserem Sinne gab und sich außerhalb des eigenen Ateliers kaum Gelegenheiten boten, um Kundschaft zu werben, war die Möglichkeit, im Salon auszustellen, buchstäblich unbezahlbar. Denn war ein Bild erst einmal verkauft, bekamen es meist nur noch die Besitzer und vielleicht ein paar Gäste zu Gesicht. Nicht zuletzt aus diesem Grund war die Mitgliedschaft in der Académie unter angehenden Künstlern sehr begehrt.

Anne Vallayer-Coster wurde 1770 in den exklusiven Klub der Académie als Stilllebenmalerin aufgenommen. Als Académicienne stand ihr ein Atelier im Louvre zu Verfügung, das sie – soweit wir wissen – wohl auch tatsächlich genutzt hat. Keine Selbstverständlichkeit, waren doch alle anderen Ateliers im ehemaligen Königsschloss mit Männern besetzt. Wohl war Frauen im Frankreich vor der Revolution die Mitgliedschaft in der Académie grundsätzlich gestattet. Die Statuten schränkten die Anzahl der weiblichen Mitglieder im Verlauf des 18. Jahrhunderts jedoch ein. Zudem durften die Académiciennes nur in den Fächern Landschaft, Porträt, Genremalerei und Stillleben arbeiten. Von der Historienmalerei als dem Fach, das in der Kritik und in der Kunsttheorie am höchsten angesiedelt war und mit dem Maler am meisten Geld verdienen konnten, waren Frauen ausgeschlossen. Ebenso durften sie an der Académie weder unterrichten noch lernen. Sie durften auch nicht an den von der Académie organisierten Aktzeichenkursen teilnehmen, weil die Betrachtung unbekleideter männliche Modelle ihnen nicht zuzumuten sei. Doch war gerade das Aktzeichnen eine wichtige Voraussetzung, um erfolgreich Figurenbilder zu malen.

KONKURRENZ

Die Zulassung für nur wenige Fächer und die eingeschränkte Ausbildung sorgten für einen enormen Druck auf die wenigen Malerinnen in der

Académie. Sie konnten nicht wie ihre männlichen Kollegen Malerei studieren und mussten sich ihre Kenntnisse anderswo erarbeiten. Sie waren gezwungen, sich mit den finanziell weniger einträglichen Themen begnügen und darin untereinander und mit den zahlenmäßig überlegenen Männern konkurrieren. Von der Öffentlichkeit und von den Kollegen wurden sie untereinander verglichen und gegeneinander ausgespielt. Zudem war besonders die Blumenmalerei eine Tätigkeit, der Frauen traditionell auch ohne Mitgliedschaft in der Académie nachgingen. Zahllose Frauen fertigten für wenig Geld Blumenminiaturen an, malten Blumen auf Fächer, zeichneten Vorlagen für Bücher oder widmeten sich dem Thema als mehr oder weniger begabte Amateurinnen. So sicherte Anne sich mit der Aufnahme in die Académie vor allem den Status als professionell arbeitende Künstlerin im Fach Stillleben. Die Mitgliedschaft und der Titel Académiciènne waren ein wichtiger Wettbewerbsvorteil auf dem hart umkämpften Markt, der sich für sie auch finanziell ausgezahlt haben dürfte.

Mit derartigen Problemen musste sich Clara Peeters im frühen 17. Jahrhundert, als das Stillleben als eigenständige Gattung gerade erst erfunden wurde, noch nicht auseinandersetzen. Clara war Mitglied in der nach handwerklichen Gesichtspunkten organisierten Zunft der Maler, in die Frauen meist ohne große Probleme aufgenommen wurden. Mit ihren Bildentwürfen war Clara wegweisend für die Stilllebenmalerei, ihre Erfindungen wurden von anderen Malern übernommen. Anne hingegen arbeitete in einem hochspezialisierten Umfeld und unter starkem Konkurrenz- und Legitimationsdruck. Im Unterschied zu Clara musste sie erst Nischen finden, in denen sie ihre Fähigkeiten beweisen und sich einen zahlungskräftigen Kundenstamm aufbauen konnte.

Vielleicht aus diesen Gründen hat Anne versucht, ihr malerisches Repertoire möglichst weit zu fassen. Sie ließ sich lange Zeit nicht auf ein einzelnes Thema festlegen und malte neben den Blumen auch Jagdbilder, Fruchtstillleben, Allegorien, Korallen und Muschelsammlungen. Eine Zeit lang versuchte sie auch in der Porträtmalerei Fuß zu fassen. Vielleicht empfand sie die Stilllebenmalerei auf Dauer als zu eintönig, vielleicht entsprach sie den Wünschen der Königin Marie Antoinette, die einige Bilder bei ihr bestellte. Vielleicht wurden ihre Porträts besser bezahlt als die Stillleben. Als Porträtistin musste Anne jedoch mit den anderen Künstlerinnen in der Académie konkurrieren, die ihr in diesem Fach überlegen waren: Sie ertrug beißende Kritik und musste zusehen, wie Marie Antoinette weitere Porträtaufträge an die Konkurrentinnen verteilte. So konzentrierte sich Anne seit den 80er Jahren fast vollständig auf die Blumenmalerei.

Betrachtet man Annes „Bouquets“ vor dem Hintergrund der Arbeitsbedingungen für Künstlerinnen im Paris der zweiten Hälfte des 18. Jahrhunderts, so lassen sich die beiden Bilder aus Dallas als meisterhafte Schaustücke deuten, die das Publikum von den Fähigkeiten und der Vielseitigkeit ihrer Schöpferin überzeugen sollten. Im Salon von 1777 konnte das Pariser Kunstpublikum sehen, dass ihre kunstvoll lässig wirkenden Arrangements den aktuellen Kunst- und Gartentrends folgten. Die realistisch gemalte Vase, die Trauben und Pfirsiche stellen Anne als Meisterin der Augentäuschung und als Künstlerin vor, die neben Blumen auch andere Bereiche des Stilllebens hervorragend beherrschte und die mit zwei Bildern von Blumenvasen ganze Geschichten erzählen konnte. Die glühenden Pfirsiche vor blauem Grund, die Trauben im Halbschatten, die bunten Blumen zeigen die Künstlerin als wahre Meisterin der Farbe, die mit ihren Fähigkeiten Kritik und Sammler gleichermaßen überzeugen konnte.

Anne Vallayer-Coster hat allen Beschränkungen durch Académie und öffentlicher Kritik zum Trotz mit ihren Blumenbildern eine glanzvolle Karriere gemacht, die nicht zufällig mit dem Beginn der französischen Revolution endete. In den unruhigen Revolutionsjahren und der darauf folgenden Regierung unter Napoleon verschlechterten sich die Bedingungen für professionell arbeitende Künstlerinnen selbst im Stilllebenfach. Weiterhin wurde die Blumenmalerei Frauen als künstlerische Nische zugestanden. Doch in der Nachfolgeorganisation der Académie waren überhaupt keine weiblichen Mitglieder mehr erlaubt. Und an den neu entstandenen Kunsthochschulen durften sie weder lernen noch ausbilden. Im offiziellen Kunstbetrieb und auf den großen Ausstellungen spielten Stillleben eine untergeordnete Rolle. Die wenigen Malerinnen wurden von der Kritik nur selten beachtet, zumal sich viele Frauen auf kleine Formate beschränkten und Papier und Pergament malten. Sie spezialisierten sich auf Aquarelle, fertigten Buchillustrationen an oder verzierten Porzellan oder Fächer mit Blumenmotiven.

Doch gab es auch im 19. Jahrhundert Frauen, die mit ihren Blumenbildern mehr erreichen wollten als nur einen angenehmen Zeitvertreib oder ein kleines Taschengeld für anstrengende Arbeit: In den nächsten beiden Kapiteln schauen wir auf zwei Malerinnen, deren Blumenbilder so gar nicht in das gern gepflegte Klischee der Blumen malenden Dame passen.

7

Ein eigenes Museum

MARIANNE NORTH

(1830–1890)

Sie sitzt auf einem Klapphocker und trägt ein langes, dunkles Kleid (→ABB. 14)*. Über ihre Schulter hat sie einen Schal gelegt. Mit Malstock und Palette in den Händen blickt sie auf ein angefangenes Bild im Querformat auf einer Feldstaffelei. Noch mehr Malutensilien und ein weiteres Bild liegen im Gras um sie herum verstreut. Eine großer Kaktus, exotische Bäume und Blütenbüsche deuten an, dass die Malerin ihre Staffelei nicht im heimatlichen England aufgestellt hat, sondern in den Tropen.*

Die Malerin auf der Illustration heißt Marianne North. Sie war als reiche Erbin unabhängig und selbstständig genug, um ihr Leben auf Reisen durch die ganze Welt zu verbringen, immer auf der Suche nach Pflanzen und Landschaften, die sie malen konnte. Auf einer Reise, die sie 1882 nach Südafrika führte, ist dieses Foto entstanden und in einer Zeitschrift als Holzstich abgedruck worden. Doch nicht allein die Tatsache, dass eine englische Lady botanische Studien in exotischen Ländern treibt, macht dieses Bild zu einem außergewöhnlichen Dokument, sondern auch der Umstand, dass Marianne North ihre Bilder offensichtlich im Freien gemalt hat.

IM FREIEN MALEN

Marianne North ist die erste Malerin in unserer Betrachtung, die Gewächse tatsächlich im Freien an ihren natürlichen Standorten malte. Anne Vallayer-Coster, Clara Peeters und sogar Maria Sibylla Merian haben selbstverständlich im Atelier gearbeitet. Auch Bourdichon dürfte seine Bilder für das Stundenbuch der Anne de Bretagne im Haus angefertigt haben. Jahrhundertelang studierten Maler und Malerinnen die frischen Blüten, Blätter, Zweige und gelegentlich auch lebende Tiere im Atelier. Die Umgebung, aus der die Gewächse stammten, floss in die Arbeit nur selten mit ein. Die Künstler ließen sich die Objekte bringen, vielleicht gingen sie gelegentlich auch selbst auf die Suche. Doch die Skizzen und Arbeitsstudien fertigten sie im Atelier an, um sie später auf ihren Bildern zu großen Blumensträußen oder Einzelbetrachtungen neu zusammenzufügen.

Marianne North entwickelte eine ganz andere Methode, die sie bis heute von vielen botanischen Malerinnen unterscheidet. Sie trug ihre Objekte nicht ins Atelier, sondern brachte ihr Atelier zu den Modellen. Das wissen wir von Fotos, von den Zeichnungen befreundeter Künstler und vor allem aus ihren Lebenserinnerungen, den „Recollections of a Happy Life". Von unserem gegenwärtigen Standpunkt aus betrachtet, ist die Vorstellung, dass ein Künstler ein Bild im Freien malt, völlig selbstverständlich. Wir nehmen an, dass eine Landschaft und die dazugehörigen Gewächse draußen studiert und gemalt werden sollten. Aber das war nicht immer so. Tatsächlich ist die Geschichte der Freiluftmalerei, gemessen an der Geschichte der Malerei insgesamt, sogar recht kurz. Gewiss: Skizzen mit Stiften oder Wasserfarben auf Papier, die im Freien angefertigt wurden, kennen wir schon aus früheren Zeiten. Doch der Gedanke, ein Ölbild im Freien fertig zu malen, setzte sich erst im Verlauf des 19. Jahrhunderts durch. Das lag nicht zuletzt daran, dass erst seit etwa 1840 fertig präparierte Ölfarben in Tuben angeboten wurden, die wesentlich einfacher zu gebrauchen waren als die losen Pigmente, die einmal angerührt schnell verbraucht werden mussten, weil man sie nicht lange aufbewahren konnte. Für Anne Vallayer-Coster oder Clara Peeters, die ihre Blumenbilder ebenfalls mit Ölfarben malten, kam schon deshalb die Malerei im Freien nicht in Frage. Farbtuben hingegen konnte man bequem überallhin mitnehmen. Bald wurden auch zusammenklappbare Staffeleien und andere Werkzeuge für die Arbeit im Freien angeboten, die sich leicht tragen ließen. Einige Anbieter verkauften sogar speziell an die Bedürfnisse weiblicher Kunden angepasste Gerätschaften. Mariannes Staffelei und der Falthocker sehen jedenfalls so aus wie die Arbeitsutensilien, die wir von zeitgenössischen Bildern der französischen Impressionisten kennen.

Auf dem Foto fehlt jedoch ein Kasten für die Ölfarben und eine Mappe oder Kiste, um die angefangenen Bilder zu transportieren. Vielleicht liegen die Sachen irgendwo hinter Mariannes Sitz, wahrscheinlicher ist es jedoch, dass das Bild gar nicht die Künstlerin bei der Arbeit zeigt, sondern eine eine sorgfältig inszenierte Porträtfotografie ist. Mariannes passive Haltung – sie malt nicht, sie hält keinen Pinsel in der Hand und

schaut nur auf das Bild – der sorgfältig drapierte Schal, der bis auf den Rasen fällt, das dekorativ applizierte Bild am Fuß der Staffelei und die anderen Dinge lassen dies zumindest vermuten. Die Hecke im Hintergrund legt zudem nahe, dass das Bild in einem Garten fotografiert wurde. Wir wissen, dass Marianne stets gerne in den Gärten ihrer Gastgeber gemalt hat. Begeistert hat sie sich auch über die öffentlichen botanischen Gärten geäußert, die sie auf ihren Reisen regelmäßig besuchte. Die Vorliebe für die Malerei im Garten verbindet Mariannes Arbeitsweise tatsächlich mit der Kunst der zur gleichen Zeit tätigen Impressionisten, die ihre Staffeleien ebenfalls gerne in Gärten aufgebaut haben. Dort konnten sie die Schönheiten der freien Natur malen, ohne dauernd von Neugierigen gestört zu werden. Ihre Arbeitsmaterialien mussten sie nicht so weit schleppen, und bei plötzlich hereinbrechenden Unwettern fanden sie für sich und ihre Sachen rasch einen sicheren Unterschlupf. Dennoch haben wir auf diesem Foto keine Frau vor uns, die in ihrer Freizeit Blumen und Landschaften nach Art der Impressionisten malte. Marianne hat Pflanzen an ihren natürlichen Standorten akribisch genau dargestellt und dafür beschwerliche, abenteuerliche und gefährliche Reisen in entlegene Gebiete auf sich genommen
Aber was brachte diese viktorianische Lady eigentlich dazu, ihr ganzes Leben der Pflanzenmalerei in fremden Ländern zu widmen?

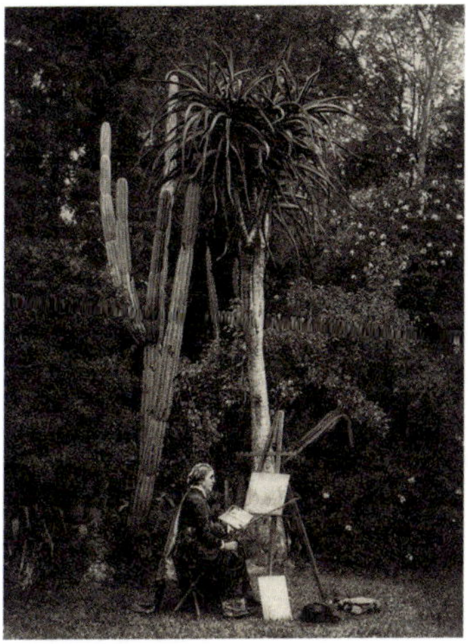

(ABB. 14) MARIANNE NORTH, an der Staffelei, Holzstich nach Fotografie, The Illustrated London News 1883

EIN GLÜCKLICHES LEBEN

Marianne North wuchs als behütete Tochter im englischen Hastings auf. Nach dem Tod des geliebten Vaters erbte sie ein großes Vermögen. Sie war nicht darauf angewiesen, Geld für ihren Lebensunterhalt zu verdienen, und musste sich offenbar auch nie finanziell einschränken. So konnte sie ihr Leben ganz dem Reisen, dem Malen und dem Studium der Pflanzen widmen. Wie wir noch sehen werden, hat sie ihre Bilder nicht verkauft. Die eine einzige Ausstellung ihrer Bilder in London organisierte sie nicht aus finanziellen Gründen, sondern nur, um den vielen Interessenten eine Möglichkeit zu geben, die Bilder in Ruhe anzuschauen. In diesem Punkt unterscheidet sie sich von allen anderen in diesem Buch vorgestellten Frauen, die ihr unabhängiges Leben mit der Kunst finanzierten und die darauf angewiesen waren, ein interessiertes Publikum für ihre Arbeit zu gewinnen. Dennoch gehört Marianne North selbstredend in die Reihe bedeutender Blumenmalerinnen. Auf eine ganz eigene Weise umging sie die sozialen Einschränkungen, die ihr die Zugehörigkeit zum weiblichen Geschlecht im 19. Jahrhundert auferlegte. Sie verstand es, ihre Spielräume als unverheiratete Frau und ihre Unabhängigkeit als reiche Erbin zu nutzen. Mit ihrer Malerei fand sie eine Nische, die ihr die Anerkennung des Publikums und der Fachleute gleichermaßen sicherte.

Dabei hatte Marianne keinerlei professionelle Ausbildung. Sie war Amateurin und Autodidaktin, sowohl was die botanischen Kenntnisse betraf als auch ihre Malerei. Als höhere Tochter besuchte sie den damals üblichen privaten Mal- und Zeichenunterricht, für den ihre Eltern sorgten. Marianne lernte die handwerklichen Grundlagen und sammelte erste Erfahrungen mit der Blumenmalerei bei dem sehr erfolgreichen Blumenmaler Valentine Bartholomew (1799–1879). Bartholomew war für Königin Victoria und andere Angehörige des Hofes tätig und fertigte Aquarelle für botanische Bücher und Magazine an. Für die Ölmalerei begeisterte sie der damals bekannte, heute aber weitgehend vergessene australische Historienmaler Robert Hawker Dowling (1827–1886). Marianne bezeichnete die Ölmalerei später in ihren Erinnerungen als ein Laster wie das Schnapstrinken, das man unmöglich wieder aufgeben kann, wenn es einen einmal gepackt hat. Tatsächlich malte sie alle ihre Pflanzenbilder ausnahmslos in Öl, was sie auch in der Wahl des Materials zu einer ganz großen Ausnahme in der botanischen Malerei macht.

Als Mädchen besuchte Marianne zeitweise eine Schule, hatte aber vor allem Privatunterricht, die Universität blieb ihr als Frau verschlossen. Dieser Umstand hat sie aber offenbar nie gestört. Ihrer Liebe zur Kunst konnte sie ungehindert nachgehen. Das Interesse an der Botanik wurde gefördert durch die Freunde ihres Vaters, zu denen der berühmte Evolutionsforscher Charles Darwin (1809–1882) und der damalige Leiter der Kew Botanic Gardens, Joseph Dalton Hooker (1817–1911) zählten, mit dem Marianne ihr ganzes Leben befreundet war. In ihren Lebenserinnerungen schreibt sie, dass es Hooker war, der in ihr den Wunsch weckte, zu reisen und die Welt der tropischen Pflanzen mit eigenen Augen anzusehen. Marianne lernte vor allem bei der Arbeit, durch Lesen und

Diskussionen mit Fachleuten. Und so entwickelte sich ganz allmählich aus der anfänglichen Freizeitbeschäftigung eine lebenslange Leidenschaft für die Malerei und für die Botanik.

Nachdem ihr Vater gestorben war, begann Marianne mit ihren Reisen, die sie insgesamt zweimal um die ganze Welt führten. Ihre ersten Ziele waren 1871 Nordamerika und Jamaika. Nach kurzen Zwischenaufenthalten in England reiste sie in den folgenden Jahren nach Brasilien, Teneriffa, Japan, USA, Singapur und auf die Insel Borneo. Dort fand Marianne die Pflanze, die sie ihr ganzes weiteres Leben immer wieder beschäftigen sollte und die heute ihren Namen trägt.

NEPENTHES NORTHIANA

Auf Borneo war Marianne war eine Zeit lang Gast des Rajahs und der Rani von Sarawak. Der Rajah war ein Engländer, dessen Onkel, Charles Brooke, das Königreich vom Sultan von Brunei für seine Unterstützung bei einem Aufstand erhalten hatte. Als Marianne nach Sarawak reiste, regierte Brookes Neffe Charles Johnson Brooke das „Reich der weißen Rajahs“ mit seiner niederländischen Ehefrau. 1946 wurde das Königreich von der englischen Kolonialverwaltung übernommen. Heute gehört Sarawak zu Malaysia.

Von der Landeshauptstadt Kuching aus unternahm Marianne mehrtägige Ausflüge und Wanderungen in den Dschungel. Gerne reiste sie im Kanu auf den Flüssen. Begleitet wurde sie von mehreren Angestellten des Rajahs, die sie beschützen sollten, sie mit dem Nötigsten versorgten und nicht zuletzt wohl auch die Malutensilien schleppten. Marianne untersuchte die Pflanzenwelt, ließ sich Exemplare bringen, die ihre Begleiter von den Bäumen und aus dem Dickicht holten. Häufig hielt sie noch vor Ort direkt erste Eindrücke in Skizzen auf Papier und Karton fest, die sie zurück in ihrer Unterkunft weiter ausarbeitete.

In einem Kalksteingebirge fand sie riesige, wissenschaftlich noch nicht erfasste fleischfressende Pflanzen (Karnivoren) aus der Gattung der Kannensträucher (*Nepenthes*). Die Nepenthesarten verdauen in den mit Flüssigkeit gefüllten Kannen alles, was so klein ist, dass es hineinfällt. Marianne schreibt, dass die Einheimischen die Kannen großer Arten als Monkey-Pit, also als Affengrube bezeichneten und dass die Kinder mit ihnen Wasserschlachten veranstalteten. Einige Arten waren in Europa bereits bekannt. Die Viktorianer waren fasziniert von der Form und Lebensweise der fremdartigen Gewächse, die nur wenig mit den relativ kleinen einheimischen Karnivoren Sonnentau oder Wasserschlauch

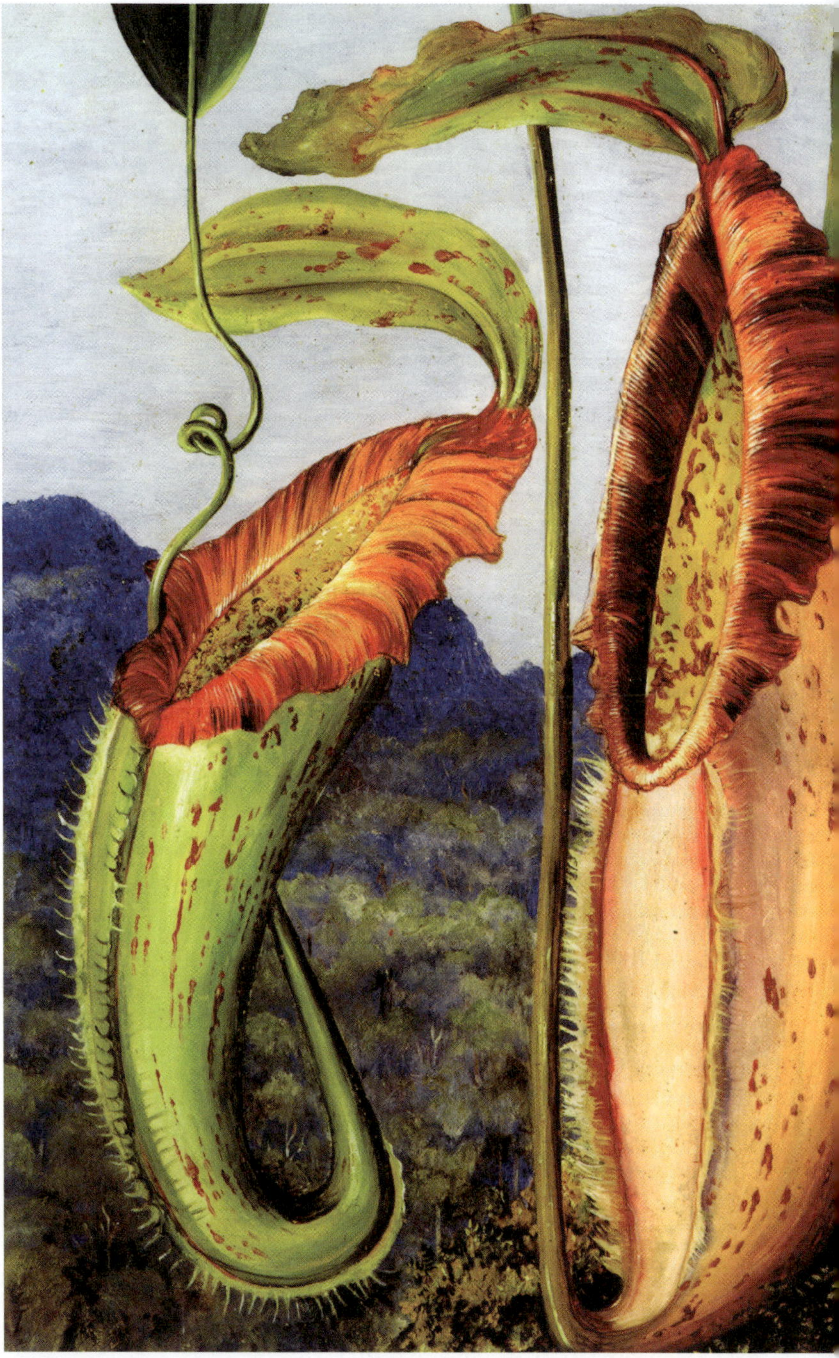

(ABB. 15) MARIANNE NORTH, Nepenthes Northiana, 1878, Marianne North Gallery, Royal Botanic Gardens Kew

gemeinsam haben. Pflanzensammler machten sich ganz gezielt auf die Suche nach neuen Arten, die sie im gartenverrückten England für viel Geld verkaufen konnten, wo sie bevorzugt in den neu aufkommenden gläsernen Wintergärten gepflegt wurden. So dürfte auch Marianne von den fleischfressenden Kannenpflanzen bereits vor ihrer Ankunft auf Borneo gehört haben.

Marianne ließ auf ihrer Wanderung Exemplare der besonders großen Art einsammeln. Die langen biegsamen Triebe der Pflanze wickelte sie nach der Rückkehr um ihren Balkon, um sie zu malen, wie sie in ihren Erinnerungen schreibt. Auf ihrem Bild hat sie zwei Kannen in Nahansicht in deren natürlichem Lebensraum im Bergwald von Sarawak vor dem tropischen Himmel dargestellt. (→ABB. 15).

MALEN IM DSCHUNGEL

Marianne hat die porträtierten Gewächse stets vor einem Landschaftshintergrund gemalt. Dies ist ein großer Unterschied zu allen anderen bisher betrachteten Künstlerinnen und Künstlern, die Pflanzen vor einem neutralen Hintergrund dargestellt haben. Wie auf dem Nepenthes-Bild zu sehen, malte Marianne die Pflanze in extremer Nahansicht vor einen weiten Landschaftshintergrund, andere Pflanzen präsentierte sie auch vor Architekturkulissen. Dieses Vorgehen erinnert an die damals in ganz Europa beliebten japanischen Holzschnitte, die sich durch ganz ähnliche perspektivische Effekte auszeichnen. Doch ganz neu war dieses Kompositionsprinzip nicht. Mariannes Lehrer Valentine Bartholomew positionierte etwa die Pflanzen auf seinen Bildern ebenfalls vor einen Landschaftshintergrund. Tatsächlich kennen wir Landschaften und Architektur als Hintergrund für nahansichtige Pflanzendarstellungen in England bereits seit dem Beginn des 19. Jahrhundert. So waren Marianne und Bartholomew gewiss vertraut mit Robert John Thorntons berühmtem zwischen 1799 und 1807 entstandenem mehrbändigem Werk „Temple of Flora“, in dem Darstellungen von Rhododendren vor dem Hintergrund des Himalaya oder tropische Seerosen vor orientalischen Bauten zu sehen sind. Mariannes Freund Joseph Dalton Hooker illustrierte seine Bücher ebenfalls nach diesem Vorbild. Eine ganz neue Errungenschaft, wie gelegentlich in der Literatur vermutet, waren Mariannes Bildkompositionen also nicht.

Dennoch sind Mariannes Bilder einzigartig, weil es sich im Unterschied zu Thornton, Hooker oder Bartholomew nicht um für Bücher bestimmte Wasserfarbenbilder und Illustrationen handelt. In einer Zeit, in der viele

Frauen sich mit Wasserfarben begnügten und botanische Darstellungen ohnehin meist in dieser Technik gestaltet wurden, malte Marianne North ihre Bilder mit leuchtenden Ölfarben. Doch was sind Mariannes Bilder eigentlich genau? Handelt es sich nun um wissenschaftliche Darstellungen, Naturstudien oder um Bilder fürs Museum?

Gemalt hat Marianne ihre Bilder in Ölfarben auf starkes Papier oder dünnen Karton. Papier bevorzugte sie vermutlich deshalb, weil es auf Reisen leichter zu transportieren und zu bearbeiten war als sperrige Leinwandbilder oder Holztafeln. Papier war jedoch jahrhundertelang das Material, auf dem Künstler lediglich ihre Entwürfe festhielten, um sie später auf Leinwand oder Holztafeln auszuarbeiten. Erst die Impressionisten brachen mit den alten Gewohnheiten und machten aus dem bisher vernachlässigten Malkarton einen vollwertigen Bildträger, den man seit der zweiten Hälfte des 19. Jahrhunderts in verschiedenen Größen in den Läden für Künstlerbedarf kaufen konnte.

Marianne zeichnete ihre Motive mit Bleistift und Tinte auf Karton vor. Sie kam mit einer recht einfachen Farbpalette aus und variierte die einmal entwickelte Maltechnik nicht mehr. Bevorzugt hat sie Kobaltblau, Bleiweiß, Krapp oder Indigo. An Stelle von Schwarz verwendet sie Blau, Grün oder Orange, um Farben abzudunkeln. Sie muss rasch gearbeitet haben, weil sie in die noch feuchte Farben gemalt hat und die Farben manchmal direkt auf dem Bild mischte und nicht auf der Palette. Infrarotaufnahmen ihrer Bilder zeigen handschriftliche Notizen. Sie vermerkte Orte, Pflanzennamen oder Farben, es gibt sogar kurze Beschreibungen der Tiere, die sie in ihr Bild aufnehmen wollte. Marianne arbeitete immer gleich: Sie zeichnete die Komposition vor, die sie gelegentlich noch einmal überarbeitete oder sogar verwarf. Die Farben legte sie in wenigen Schichten über eine weiße Grundierung. Samenkapseln und Insekten in der getrockneten Farbe bestätigen, dass Marianne ihrer Bilder im Freien nicht nur begonnen, sondern tatsächlich auch fertig gemalt hat. In ihren Erinnerungen berichtet sie davon, wie sie von Wanderungen durch die tropischen Wälder nach Regengüssen vollkommen durchnässt in die Unterkunft zurückkehrte und Mühe hatte, ihre durchgeweichten Bilder zu trocknen.

Am ehesten lassen sie sich ihre Bilder wohl als Naturstudien umschreiben. Das Bild mit der Nepenthes zeigt die Kannen mit Ansätzen der Triebe und ein angeschnittenes Blatt am oberen Bildrand. Für eine echte wissenschaftliche Illustration bieten ihre Bilder zu wenig Informationen. So bleiben bei der Kannenpflanze viele Fragen offen: Wie sieht die gesamte Pflanze aus, kriecht oder klettert sie? Wie sind Blätter und Blüten gestaltet? Wie verankert sie sich im Boden, oder handelt es sich vielleicht

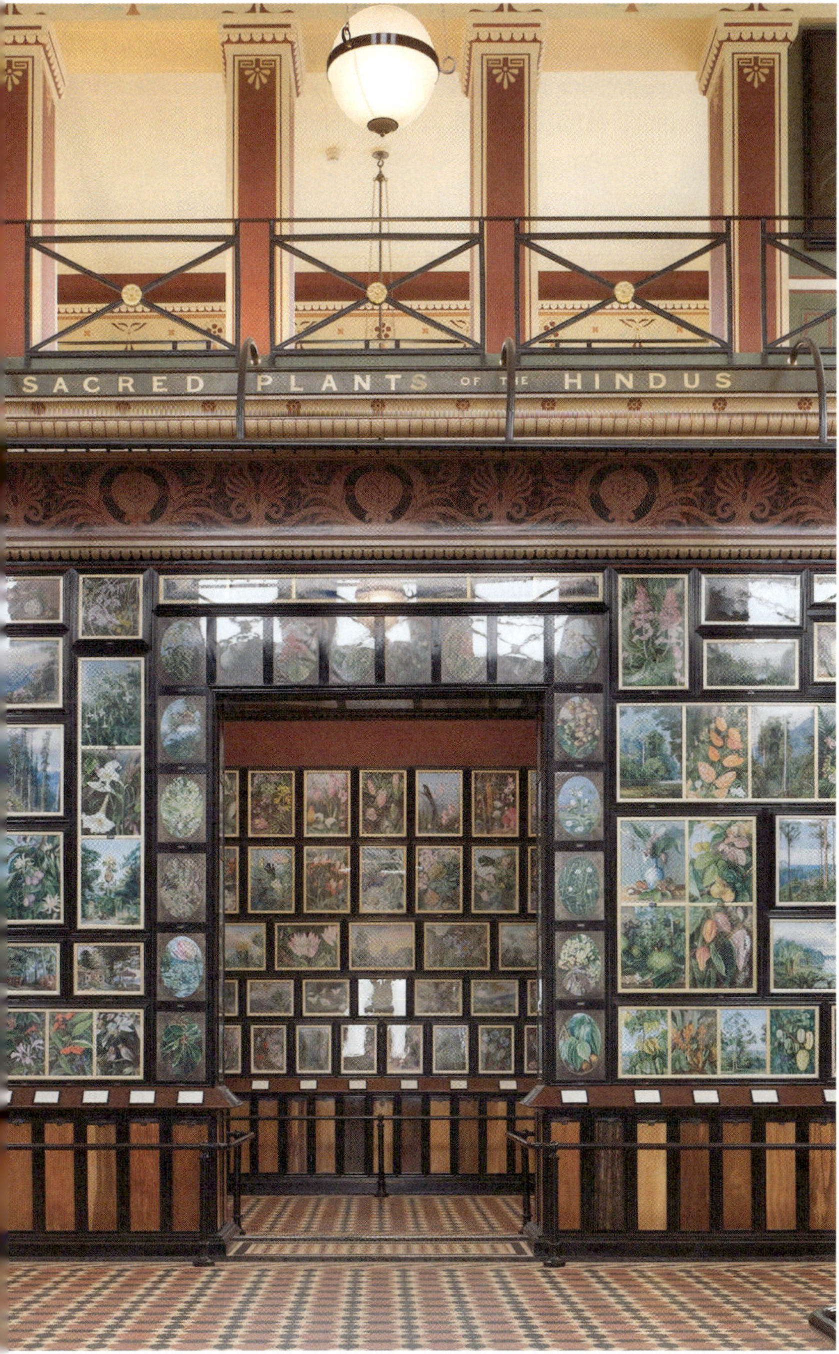

(ABB. 16) MARIANNE NORTH, Blick in die Marianne North Gallery in Kew Gardens

eine aufsitzende Pflanze? Wie groß ist sie eigentlich? Alle diese für Botaniker wichtigen Fragen werden auf diesem Bild nicht beantwortet. Deutlich herausgestellt hat Marianne hingegen die schillernden Farben der Nepenthes und die Umgebung, in der sie wächst.

AUSSTELLUNG MIT FOLGEN

Nach weiteren Reisen durch Java, Ceylon und Indien kehrte Marianne 1879 mit vielen Bildern im Gepäck nach London zurück. Zu müde, um ihre abenteuerlichen Reisegeschichten und Bilder jedem ihrer Freunde und Bekannten einzeln vorzustellen, mietete sie stattdessen für drei Monate im Londoner Stadtteil Kensington einen großen Raum. Dort stellte sie ihre Bilder aus und machte sie auf diese Weise allen Interessierten zugänglich. Sie verlangte eine kleine Eintrittsgebühr, um die Kosten abzudecken, und zahlte den Rest aus eigener Tasche. In den Erinnerungen schreibt sie, dass es das Opfer wert gewesen sei, weil sie auf diese Weise vielen langweiligen Tagen daheim entgehen konnte, die sie sonst mit dem Erklären und Vorzeigen ihrer Bilder verbracht hätte. In der Ausstellung führte Marianne die Bilder, die sie in Amerika und Asien gemalt hatte, erstmals einem größeren Publikum vor.
Zu den Ausstellungsbesuchern gehörte der bekannte Pflanzenzüchter Harry Veitch von „James Veitch & Sons", dem damals in Europa führenden Gärtnereiunternehmen. Veitch züchtete und verkaufte Gehölze und seltene Blumen für die englischen Gärten, aber auch tropische Gewächse, Palmen, Farne, Orchideen und Karnivoren für die Glaspaläste und Wintergärten englischer und internationaler Gartenenthusiasten. Er suchte stets nach spektakulären Neueinführungen und bezahlte Pflanzenjäger, die für ihn durch die ganze Welt reisten, um nach Orchideen und anderen außergewöhnlichen Neuheiten zu suchen. Veitch war fasziniert von dem Bild der unbekannten Nepenthes. Die Malerin schreibt, dass Veitch umgehend einen Mitarbeiter nach Borneo geschickt hätte, um Samen der Pflanze aufzuspüren. Mariannes langjähriger Freund Joseph Dalton Hooker, Leiter von Kew Gardens, wiederum hatte die Möglichkeit, ein Exemplar des neuartigen Kannenstrauchs genauer zu untersuchen und zu bestimmen. 1881 benannte er die Art nach seiner pflanzenbegeisterten Freundin als Nepenthes northiana. In den folgenden Jahren wurde die Pflanze zwar mehrfach unbenannt, erhielt aber 1928 ihren alten Namen zurück.
Tatsächlich ist Nepenthes northiana aber nicht die einzige Art, die Mariannes Namen trägt. Insgesamt vier Pflanzenarten wurden nach ihr benannt. Auf die Verbindung zur Nepenthes war Marianne jedoch

besonders stolz. Das Bild einer Nepenthes northiana ziert den Einband ihrer „Recollections“, auf Borneo malte sie noch weitere Nepenthesbilder, und die Rani von Sarawak schmückte bei Mariannes zweitem Besuch ihrem Gast zu Ehren die Festtafel mit Kannenpflanzen.

DIE MARIANNE NORTH GALLERY IN KEW GARDENS

Mariannes Ausstellung mit den Bildern tropischer Gewächse und Landschaften erhielt gute Kritiken in der Londoner Presse. Ein Artikel regte dazu an, die Pflanzenbilder im botanischen Garten von Kew unterzubringen. Die Künstlerin griff diesen Vorschlag auf und bot Hooker an, ihre Bilder Kew Gardens zu überlassen und dazu noch ein passendes Museum mit angeschlossenem Künstleratelier zu bauen. Ihr Freund war sofort einverstanden. Er lehnte es jedoch ab, die Besucher mit kleinen Erfrischungen – Tee, Kaffee und Kekse – zu versorgen, wie Marianne sich das wünschte, weil er annahm, dass der Besucherstrom an den Wochenenden nicht zu bewältigen wäre. Die Anlagen von Kew Gardens waren bereits damals ein Besuchermagnet für die Londoner und Besucher aus der Umgebung.
Marianne suchte sich einen passenden Platz auf dem Gartengelände, der etwas abgelegen von den Hauptwegen lag, und beauftragte den befreundeten Architekten James Fergusson (1808–1886) mit der Planung des Gebäudes. Fergusson baute ein Museum aus roten Backsteinen mit einer umlaufenden Veranda in der Art indischer Kolonialbauten. Die Fenster im tempelartigen Obergeschoss sorgten für ein gleichmäßiges Licht im Galerieraum und hielten die Wände für die Bilder frei.
Die Bilder ordnete Marianne nach geographischen Kategorien und nicht, wie in einer wissenschaftlich geführten Anlage zu erwarten, nach systematischen Kriterien. Ursprünglich hatte sie noch eine große Weltkarte eingeplant, die über die geographische Verteilung der Gewächse weltweit informieren und die unter der Decke der Galerie ihren Platz finden sollte. Doch auch wenn dieses Detail nicht verwirklicht werden konnte, vermitteln der Bau, die Hängung und die Anordnung der Bilder viel von Mariannes persönlichen Interessen und von den Fragen, die sie mit ihren Arbeiten verfolgte. Die Sammlung in der Galerie erzählt von den Ländern und Orten, die die Künstlerin bereist hatte, und von den Menschen und Tieren, die sie dort sah. Durchgängiges Motiv aller Bilder ist der natürliche Lebensraum der Gewächse. In einer Zeit, in der nur wenige Menschen Reisen in weit entfernte Länder unternehmen konnten, war die Bildersammlung in Mariannes Galerie für die Besucher eine wichtige

Möglichkeit, etwas über die Standorte der einzelnen Arten zu erfahren. Charles Darwin machte die Malerin jedoch darauf aufmerksam, dass die Flora Australiens in ihrer Bildersammlung noch fehlte. Marianne nahm die Anregung auf und verließ London für eine Reise durch Australien, Neuseeland und die Vereinigten Staaten. 1882 kehrte sie zurück und eröffnete die Galerie. Gleich darauf machte sie sich erneut auf die Reise nach Südafrika, zu den Seychellen und nach Chile. Zurückgekehrt ließ sie 1883 ihren Galeriebau auf der Rückseite erweitern, um die neu hinzugekommenen Bilder in die Sammlung zu integrieren.
Für weitere Reisen fühlte sich die inzwischen gesundheitlich angeschlagene Malerin nicht mehr kräftig genug. Stattdessen suchte sie sich ein Haus mit einem schönen Garten auf dem Land, wo sie ihre letzten Jahre verlebte, umgeben von den geliebten Pflanzen und von zahlreichen Besuchern. Marianne North starb 1890 mit nur 59 Jahren.

MARIANNES PFLANZENBILDER

Seit Mariannes eigener Neuorganisation der Sammlung 1883 wurde in der Galerie nur wenig verändert. Die Hängung der Bilder blieb weitgehend unangetastet, ebenso die Einrichtung. 2009 wurde das ganze Museum sorgfältig renoviert, der alte Fußboden wieder hergerichtet und alle Bilder einer sorgfältigen restauratorischen Untersuchung unterzogen. Heute ist die Marianne North Gallery ein einzigartiges Gesamtkunstwerk (→ABB. 16). Es ist das einzige Museum auf britischem Boden, das dem Werk einer einzelnen Malerin gewidmet ist, deren Gesamtwerk an einem einzigen Ort besichtigt werden kann.
Auf den ersten Blick ungewohnt für heutige Betrachter erscheint jedoch die sehr dichte Hängung in engen Reihen übereinander. Die Masse der Bilder wirkt überwältigend. Erst nach einer Weile lässt sich erkennen, dass es durchaus eine Ordnung in der Fülle gibt. Hängen direkt am Eingang einige nicht kategorisierte Bilder, etwa die gigantische Seerose Victoria regia, folgen die Bilder auf den übrigen Wänden den Spuren von Mariannes Reisen: Beschriftungen an den umlaufenden Leisten über den Bildern nennen Chile, Brasilien und die karibischen Inseln, Nordamerika, Indien und Ceylon, Südafrika, Seychellen, Teneriffa, Borneo – in dieser Abteilung finden wir ihre Bilder der Nepenthes northiana und einiger weiterer Kannensträucher –, Java und Japan, Australien und Neuseeland. Die Sockelzone unter den Bildern ließ die Malerin mit verschiedenen Hölzern verkleiden, die sie auf ihren Reisen gesammelt hatte. Mariannes Bilder sind aber nicht nur sehr dekorativ. Sie vertreten auch ein Anliegen.

Die Bilder sollten nach Mariannes Auffassung das Interesse an der Vielfalt der Gewächse wecken und die Besucher über das Land informieren, in dem sie wachsen. Gärtner und garteninteressierte Besucher konnten bei der Betrachtung der Bilder viel lernen. So waren damals nach exotischen Vorbildern gestaltete Landschaftsausschnitte in den Gärten sehr beliebt. In Mariannes Galerie konnte man sich anschauen, wie ein Rhododendrontal im Himalaya aussah, eine Farnschlucht in Südamerika, ein tropischer Seerosenteich oder die Umgebung der fleischfressenden Kannensträucher von Sarawak. Details über die Pflanzen entnahmen die Besucher dem von Marianne selbst verfassten Katalog, der nach denselben Kategorien geordnet war wie die Ausstellung. Maria Sibylla Merian gar nicht so unähnlich, wandte sich auch Marianne mit ihren Bildern und ihrem gesammelten Wissen an ein wissenschaftlich nicht vorgebildetes Publikum. Und ganz wie die berühmte Vorgängerin sah sich auch die Autodidaktin Marianne North als eine Wissensvermittlerin zwischen Wissenschaft und Öffentlichkeit. Der botanische Maler und Autor Wilfrid Blunt jedoch fand ihre Bilder sowohl in ästhetischer als auch in botanischer Hinsicht unbefriedigend. Die dichte Hängung erinnerte ihn an ein übervolles Briefmarkenalbum. Blunts Bemerkungen werden in der Literatur über Marianne North gelegentlich zitiert, treffen aber eigentlich nicht den Punkt, um den es Marianne ging. Neid auf die berühmte Kollegin, die ein eigenes Museum an einem bedeutenden Ort gebaut und eingerichtet hatte, mögen ein Grund für Blunts Äußerungen gewesen sein, ebenso eine gewisse Irritation bei der Beurteilung der ungewöhnlichen Ölbilder. Doch in einem Punkt hatte Blunt recht: Bereits als Marianne die Galerie eröffnete, war eine derartig enge Hängung der Bilder in den Museen nicht mehr üblich. Tatsächlich hat Marianne mit ihrer Galerie eine Art begehbares Herbarium geschaffen, mit dem doppelten Anspruch, möglichst viele Arten zu zeigen und zugleich Zusammenhänge zwischen den Gewächsen und den Landschaften herauszustellen. Mariannes Ordnung stellt die Pflanzengeographie in den Mittelpunkt. Die geographische Verteilung der Lebewesen auf der Erde war nicht zuletzt durch Darwins Forschungen ein wichtiges Thema in den damaligen Naturwissenschaften, das von den Museen dankbar aufgegriffen wurde. In vielen Naturkundemuseen in ganz Europa präsentierte man gegen Ende des 19. Jahrhunderts Tierpräparate nach geographischen Kriterien in sogenannten Dioramen, also in Schaukästen, in denen der Lebensraum der Tiere nachgebildet wurde. Ist es in dieser Hinsicht nicht bemerkenswert, dass Marianne in ihrem Museum einen vergleichbaren Ansatz für die Pflanzenwelt bereits gute 20 Jahre früher verfolgte?

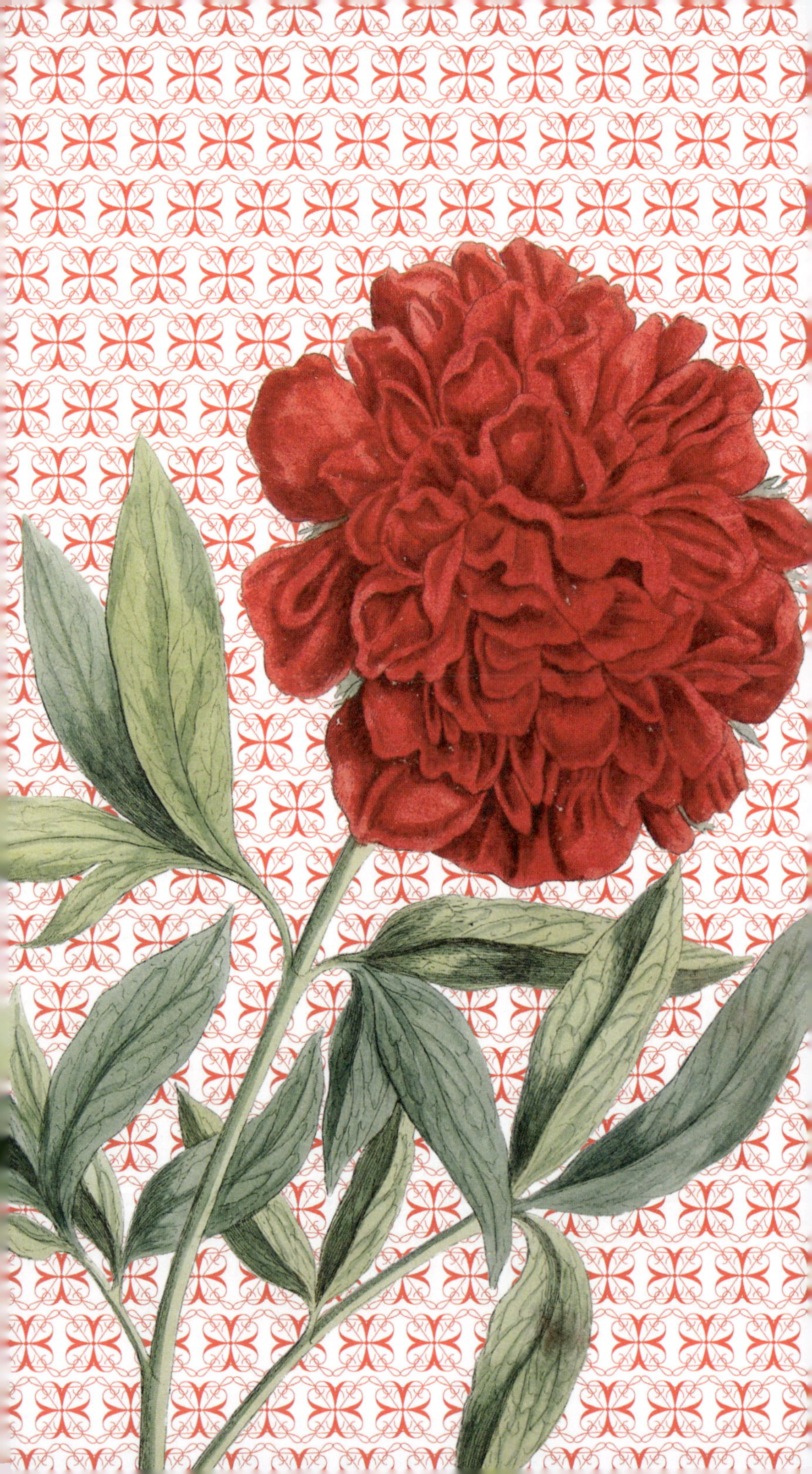

8

Im Atelier von
HERMIONE VON PREUSCHEN
(1854–1918)

Auch wenn Marianne North die Annehmlichkeiten eines Ateliers durchaus zu schätzen wusste und sich in ihrem Museum in Kew Gardens sogar einen speziellen Raum zu diesem Zweck bauen ließ, gehörte zu den wesentlichen Merkmalen ihrer Kunst dennoch die Malerei unter freiem Himmel. Sie profitierte von den Errungenschaften der Impressionisten, die in ganz Europa ihre Staffeleien im Freien aufschlugen, und sie profitierte auch von der wachsenden Anzahl der Freizeitmaler und Malerinnen, auf deren Bedürfnisse sich der Handel einstellte und praktische tragbare Staffeleien, Stühle, Sonnenschirme, Malkästen und sogar zusammenklappbare Paletten anbot.

Doch auch wenn für uns heute Freiluftmalerei und Impressionismus unsere Sicht auf die Malerei in der zweiten Hälfte des 19. Jahrhunderts prägen mögen, so waren Künstler und Künstlerinnen, die ihre Bilder weiterhin im Atelier malten, immer noch die Regel. Selbst Blumenbilder wurden selbstverständlich weiterhin im Atelier erdacht und ausgeführt. Eine Blumenmalerin, die auf ein schönes Atelier viel Wert legte und die ihre Bilder lange Zeit ausschließlich dort malte, war die aus dem hessischen Darmstadt stammende Hermione von Preuschen (→ABB. 17).

IM ATELIER DER KÜNSTLERIN

Hermione ist in ihrem Atelier gar nicht so leicht zu entdecken. Zu viele Dinge lenken den Blick ab: Ein Bärenfell auf dem Dielenboden, ein Wolfsfell auf der Truhe; mehrere Tamburine, eine Kopie der Venus von Milo auf einer Säule und eine ausgestopfte Taube an einem Faden vor schweren Vorhängen, ein tropischer Farn in einer Hängeampel, Vasen,

altertümliche Möbel und orientalischer Nippes füllen das Atelier. Einige Gemälde sind auch zu sehen: Sie stehen auf der Staffelei oder lehnen an den Möbeln, sind aber nicht wirklich der Mittelpunkt dieses merkwürdigen Durcheinanders. Die Künstlerin selbst sitzt tief im Inneren dieses Zimmers zwischen Vorhang und Bild, in der Flucht zu einem angrenzenden Raum mit gedecktem Kaffeetisch und einem altdeutschem Fenster. Sie hat sich in ihrem löwenfüßigen Stuhl zurückgelehnt und scheint in ein Notizheft zu schreiben oder zu zeichnen. Ob sie das Bild ihr gegenüber betrachtet oder ins Leere blickt, ist nicht zu erkennen.
Abgesehen von der Staffelei mit einem gerahmten Bild weist nur wenig darauf hin, dass wir es auf diesem Bild mit den Arbeitsräumen einer erfolgreichen Malerin zu tun haben. Es gibt es keine Hinweise auf ihre Tätigkeit. Angefangene Bilder, Farben, Paletten oder andere Arbeitsmaterialien, wie wir sie auf dem Bild von Marianne North gesehen haben, fehlen hier. Der Holzstich vermittelt ein ganz anderes Bild von der Tätigkeit einer Blumenmalerin als das Foto der englischen Kollegin. Hermiones Arbeitsumgebung erinnert mehr an einen Antiquitätenladen als an einen Arbeitsraum. Und die Künstlerin wirkt, versteckt in der schattigen Höhle ihres Ateliers, fast ein wenig verloren zwischen den Dingen, die mehr wie sorgfältig inszenierte Requisiten für ein Theaterstück aussehen und nicht so sehr wie wesentliche Bestandteile eines Künstlerateliers. Ebenso wie der Raum so scheinen auch Hermiones Kleid und Frisur ganz auf Repräsentation und Wirkung auf Betrachter und Besucher hin ausgerichtet zu sein. Tatsächlich handelt es sich bei diesem Holzstich auch nicht um ein Selbstbildnis der Künstlerin, sondern um eine Illustration für eine Zeitschrift.

HERMIONE WIRD MALERIN

Hermione war eine sehr geschäftstüchtige Frau, die jede Möglichkeit wahrnahm, für sich selbst und für ihre Kunst zu werben. Ihr Porträt war häufig in Zeitungen abgebildet, die über ihre Ausstellungen, Bücher und Reiseaktivitäten berichteten. Geboren wurde die Künstlerin 1854 als Hermine Freiin von Preuschen in einen adeligen Darmstädter Beamtenhaushalt (ihren Vornamen änderte sie erst als Erwachsene nach der Heldin aus Shakespeares „Ein Wintermärchen“). Hermione zeigte bereits Kind großes Interesse an der Malerei. Sie hatte standesgemäßen Mal- und Zeichenunterricht, was in ihr den Wunsch weckte, Kunst zu studieren und zu ihrem Beruf zu machen. Doch blieb ihr der Zugang zur Kunstakademie als Frau im 19. Jahrhundert verschlossen. Sie lernte stattdessen an der Malschule des in Karlsruhe ansässigen Historienmalers Ferdinand Keller (1842–1922), dessen Bilder damals sehr bekannt waren. Malschulen wie die von Keller existierten unabhängig von den staatlichen Kunstschulen und Akademien und wurden zumeist privat betrieben. Angehenden Kunststudenten konnten sie als Vorqualifikation für den Zugang zur Kunstakademie dienen. Frauen ermöglichte sie eine halbwegs solide Ausbildung. Hermione hat sich in späteren Jahren in einem Vortrag für den Verein der bildenden Künstlerinnen in Berlin über die „stets überfüllten Damenateliers" geärgert, die vor allem dazu dienten, den Lehrern ein einfach verdientes Zusatzeinkommen zu verschaffen. Denn die private Ausbildung war nicht in jedem Fall gut und vor allem nicht billig. Auch Hermione musste darum kämpfen, dass ihre Eltern für Schule, Miete und Lebenshaltungskosten in Karlsruhe aufkamen. Über ihren Lehrer hat sie sich jedoch niemals beklagt. Keller ließ seine ehrgeizige Schülerin Stillleben malen. Doch offenbar lernte sie in seinem Atelier auch den Umgang mit großen Formaten, perspektivisches Zeichnen und vermutlich die Grundlagen der Figuren- und Aktdarstellung. Von ihrem Lehrer übernahm Hermione die leuchtenden, an italienischen und niederländischen Meistern angelehnte Farbigkeit und die dramatische Lichtführung.

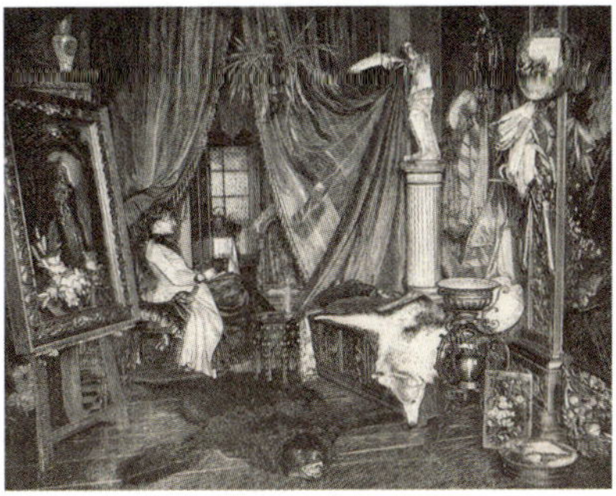

(ABB. 17) HERMIONE VON PREUSCHEN, Blick in das Atelier, um 1890, Holzstich, Darmstadt, Sammlung Kunstarchiv Darmstadt e.V.

Nach Beendigung der insgesamt dreijährigen Ausbildung eröffnete Hermione in München ihr erstes eigenes Atelier. Mit ihren Blumenbildern hatte sie in der Münchener Kunstszene rasch Erfolg. Das selbst verdiente Geld investierte sie in Reisen, die sie nach Rom, Paris und Sizilien führten. 1882 heiratet sie ihren ersten Mann. Mit ihm zog sie von Italien nach München und 1886 nach Berlin, wo sie Kontakte zum Kaiserhof knüpfte und sich mit der damaligen Kronprinzessin Victoria (1840–1901, seit 1888 Kaiserin Friedrich) anfreundete, die selber eine begabte Amateur-Malerin war. Hermiones Ehe wurde geschieden, die beiden Kinder wurden dem Vater zugesprochen. Hermione heiratete noch einmal, zog wieder nach Italien, bekam zwei Töchter, wurde nach wenigen

Jahren Witwe und ging zurück nach Berlin. 1908 kaufte sie in Berlin Lichtenrade eine kleine Villa, der sie den Namen „Tempio Hermione" gab. Weiterhin verbrachte sie viel Zeit auf Reisen nach Afrika und Asien. In der Schriftstellerei hatte sie ein zweites Standbein, dem sie sich in den letzten Jahren ihres Lebens hauptsächlich widmete.
Als der Holzstich mit der Darstellung Hermiones in ihrem Atelier um 1890 veröffentlicht wurde, war die Künstlerin bereits eine bekannte Persönlichkeit, deren Bilder und Bücher viele Käufer fanden. Doch wie sehen ihre Bilder eigentlich aus? Tatsächlich ist ihr malerisches Werk bisher kaum erforscht. Die Bilder sind weit verstreut, im internationalen Kunsthandel werden sie nur gelegentlich angeboten. Der größte Teil ihres Werks dürfte sich in Privatbesitz befinden. Die wenige Arbeiten in Museen sind nicht ausgestellt, so etwa das Bild „Traumgott", das im Depot des Kunstmuseum des Landes Sachsen-Anhalt in Halle an der Saale schlummert (→ABB. 18).

MOHNBLUMEN FÜR DEN TRAUMGOTT

Das Bild „Traumgott" entstand um 1894. Hermione hat es oben rechts mit roter Farbe signiert und den Bildtitel unten links in der gleichen Farbe vermerkt. Umgeben von einem Kranz weißer und roter Mohnblüten ruht auf einer Säule die Bronzebüste eines jungen Mannes. Die Flügel hinter den Ohren verraten, dass es sich um Hypnos, den griechischen Gott des Schlafs handelt. Als Symbol des erlösenden Schlafes und des Vergessens gaben die Griechen ihrem Gott die Blüte des Schlafmohns mit, den Hermione als Schmuck der Büste dargestellt hat.
Saaten und Milchsaft des Schlafmohns wurden bereits in der Antike als Schlaf- und Beruhigungsmittel verwendet. Als Heil- und Nahrungsmittel war die Pflanze auch während des gesamten Mittelalters im Gebrauch. In späteren Jahrhunderten war das aus ihrem Saft gewonnene Opium ein Handelsartikel der niederländischen Ostindienkompanie. In den Gärten der Kenner und Liebhaber, der Bürger und Bauern war Schlafmohn verbreitet. Nur zum Teil wurde er zur Gewinnung von Saaten angebaut. Die meisten Sorten waren Zierpflanzen, die in vielen Farben und Varianten erhältlich waren. Im „Hortus Eystettensis" etwa sind acht verschiedene Zierformen mit gefüllten Blüten und ausgefransten Blütenblättern zu sehen. In der Stilllebenmalerei eroberten sich die farbenprächtigen Mohnblumen im fortgeschrittenen 17. und im 18. Jahrhundert einen festen Platz. So malte auch Anne Vallayer-Coster rote und weiße gefüllte Mohnblüten und Fruchtstände in ihr „Bouquet mit Blumen in einer

blauen Porzellanvase“ (→VGL. ABB. 13). 1670 kreierte ein englischer Arzt aus Opium, Safran, Zimt und anderen exotischen Zutaten eine Tinktur, die er Laudanum nannte und die bald in den Ruf eines Allheilmittels kam. Im 19. Jahrhundert wurde Opium zur Modedroge. Seit der Mitte des

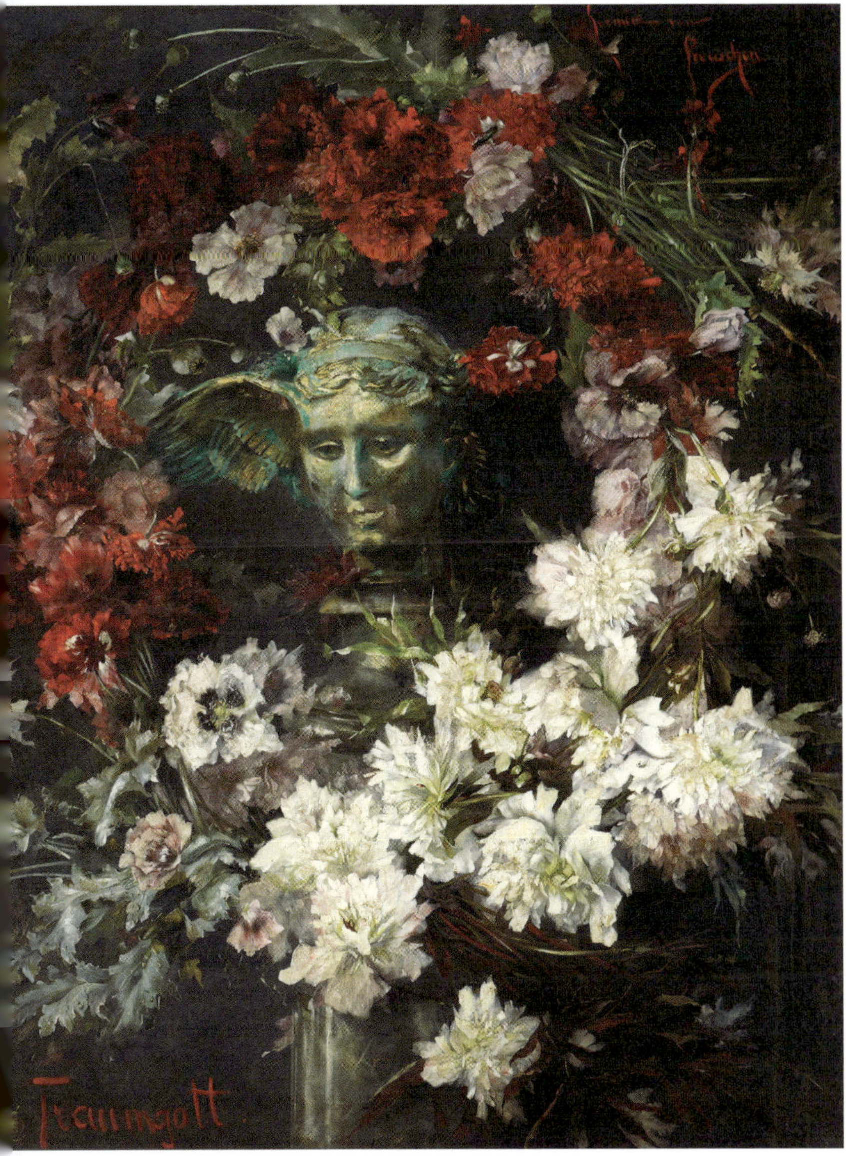

(ABB. 18) HERMIONE VON PREUSCHEN, Traumgott, um 1894, Öl/Leinwand, Halle/Saale, Stiftung Moritzburg, Halle/Saale, Kunstmuseum des Landes Sachsen-Anhalt

19. Jahrhunderts war das noch stärkere, aus Opium gewonnene Morphin verfügbar und etwas später auch Heroin. Auf Schlaf, Traum, Rausch und vielleicht auf den Tod, den Bruder des Schlafs, auf diese Eigenschaften des Hypnos und seiner heilkräftigen Blume spielt Hermiones Bild an.

HERMIONE MALT BLUMENSTILLLEBEN

Hermione erinnert mit ihrem Bild vom Traumgott an die Mythen der alten Griechen. Dem Stillleben von Anne Vallayer-Coster vergleichbar, erzählt sie Geschichten von den Gebräuchen und Ritualen der klassischen Antike und belegt die dargestellten Gewächse mit besonderen Bedeutungen. Thema ihres Bildes sind der rauschhafte Augenblick, Pracht und Schönheit der Gegenwart und deren Kehrseiten Vergänglichkeit und Tod. Dafür kontrastiert sie das uralte Götterbild aus grüner Bronze mit den kurzlebigen bunten Mohnblumen, die im Garten nur wenige Tage blühen und in der Vase kaum haltbar sind.

Hermione hatte sich mit dem Stillleben und der Konzentration auf Blumenbilder ein Fach gewählt, das im konservativ gestimmten ausgehenden 19. Jahrhundert als weibliche Kunstdomäne im männlich beherrschten Kunstbetrieb geduldet wurde. Sie legte ihre Arbeiten ganz bewusst dekorativ an. Doch mit der rein dekorativen Blumenmalerei und dem spöttisch-herablassenden Titel „Malweibchen", den der berühmte Maler Anselm Feuerbach (1829–1880) ihr gab, wollte sie sich nicht abfinden. In ihrer Autobiografie beschreibt Hermione sich selbst als die Erfinderin des „historischen Stilllebens". Sie erklärt den Begriff nicht genauer, meint aber vermutlich ihre spezielle Kombination aus klassischer Stilllebenmalerei und den erzählenden Elementen der Historienbilder, den Bildern von Anne Vallayer-Coster nicht unähnlich. Doch war es das Publikum im 18. Jahrhundert noch gewohnt, Blumenstillleben auf mythologische und erzählende Motive hin zu befragen. Anne wurde wohl auch gerade wegen dieser Fähigkeit geschätzt. Im 19. Jahrhundert hingegen verloren die erzählenden Elemente im Blumenbild zunehmend an Bedeutung. Blumenstillleben wertete die Kritik als rein dekorative und abbildende Kunst. Die von der Kritik als wesentlich eingeschätzten Geschichten wurden vor allem in der Historienmalerei erzählt, wie wir bereits im Kapitel über Anne Vallayer-Coster gesehen haben. Auch im 19. Jahrhundert galt das Historienbild in der Kunsttheorie als die anspruchsvollste und angesehenste Gattung der Malerei, von der Frauen aber weitgehend ausgeschlossen wurden. (Blumen)Stillleben hingegen wurden nicht zuletzt auch als weibliche Domäne, eher gering geschätzt. Die Malerinnen von

Blumenbildern galten als bloße Nachahmerinnen der Natur und vermeintliche Kopistinnen und stellten schon deswegen keine Konkurrenz für die männlichen Künstler dar.

Hermione wehrte sich gegen diese einseitigen Zuschreibungen. Ihre Bilder sollten die Stilllebenmalerei von der bloßen Nachahmung der Gegenstände befreien und zu einer intellektuell anspruchsvolleren, erzählenden Malerei erheben. Doch schaut man sich ein Bild wie den „Traumgott" genauer an, wird deutlich, dass Hermione mit ihrer Idee vom historischen Stillleben lediglich seit Langem etablierte Themen und Motive neu interpretierte. Die antike Büste und die leuchtenden Farben haben in den Arbeiten ihres Lehrers Ferdinand Keller direkte Vorbilder, ebenso die Vorliebe für historische und mythologische Stoffe.

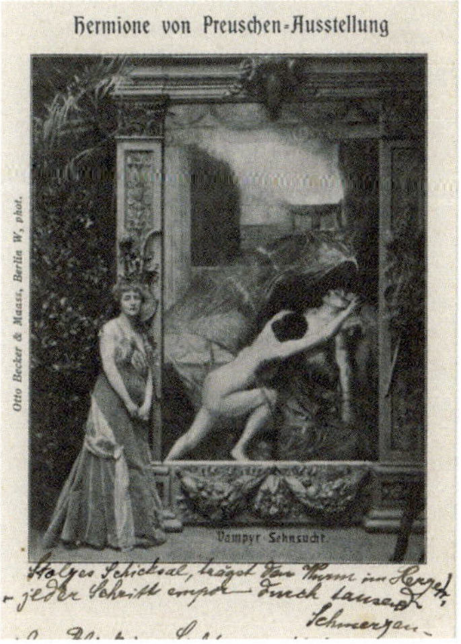

(ABB. 19) HERMIONE VON PREUSCHEN, Ausstellung „Vampyr-Sehnsucht", Postkarte, Darmstadt, Privatsammlung

Hermiones Malerei orientierte sich stets an älteren Vorbildern. Die neuartigen Bilder der französischen Impressionisten, Werke von Max Liebermann oder Vincent van Gogh, die in der damaligen Kunstwelt lebhaft diskutiert wurden und für die die althergebrachte Bevorzugung der Historienmalerei keine Rolle mehr spielte, erwähnt sie in ihrer Autobiografie überhaupt nicht. Auch ist eine Auseinandersetzung mit den neuen Malweisen in ihren Bildern nicht zu erkennen. Im Unterschied zu den Impressionisten, die bezweifelten, dass ein Bild immer auf einer Geschichte aufbauen muss, versuchte Hermione ihre Bilder durch eine Verknüpfung mit der Historienmalerei intellektuell aufzuwerten. Die Künstlerin war mit der Zuweisung in den Rang der Stilllebenmalerin ganz offensichtlich nicht glücklich. Doch anstatt das inzwischen überholte Konzept der Hierarchie der Gattungen anzuzweifeln, versuchte sie sich aus den Zwängen zu befreien, indem sie ihre Bilder innerhalb der Gattungsgrenzen aufwertete.

Wie ihre Vorgängerin Anne Vallayer-Coster hat auch Hermione eine Zeit lang versucht Figurenbilder zu malen, diese sind heute jedoch bis auf ganz wenige Ausnahmen verschollen. Einen Eindruck von diesen Arbeiten vermittelt eine von der Künstlerin selbst in Auftrag gegebene

Bildpostkarte, die Hermione neben dem prächtig gerahmten Gemälde „Vampyr Sehnsucht“ abbildet (→ABB. 19). Der Rahmen, das große Format und die anspruchsvolle Komposition mit einem kauernden weiblichen Akt verdeutlichen, welche Bilder die Künstlerin tatsächlich malen wollte und auf welche Bilder sie so stolz war, dass sie davon sogar Postkarten drucken ließ. Um diese Werke zu schaffen, trieb sie private Aktstudien. Sie bestellte weibliche Aktmodelle in ihr Atelier und studierte Antiken in den Museen. Dennoch fand die Kritik ihre Figurendarstellungen mangelhaft. Hermione musste beißende Kritik vertragen, die Bilder verkauften sich nur schlecht. Auch wenn Hermione die großen Bilder viel bedeuteten, ihr Geld verdiente sie mit ihren preisgünstigeren, kleinformatigen Blumenstillleben.

A ROOM OF ONE'S OWN

Betrachten wir Hermiones künstlerische Ansprüche vor dem Hintergrund der damaligen kunstkritischen Bewertung der Stillleben, erhält die Inszenierung im Atelier eine weitere Bedeutung. Keine andere der bisher betrachteten Malerinnen hat sich in einem derartig aufwändig eingerichteten Atelier selbst dargestellt oder darstellen lassen – Clara Peeters Atelier erscheint nur schemenhaft flüchtig auf einer reflektierenden Oberfläche, Marianne North folgte ihren Modellen und hatte kein festen Raum. Von Anne Vallayer-Coster sind überhaupt keine Atelierbilder bekannt geworden, obwohl ihr sogar ein Raum im Louvre zu Verfügung stand. Tatsächlich sind die allermeisten Dinge, die Hermione in ihrem Atelier versammelt hat, für die Blumenmalerei gar nicht notwendig. Für den Arbeitsplatz einer Malerin scheint es sogar fast zu dunkel zu sein. Zudem hat sich die Künstlerin selbst ist nicht beim Malen darstellen lassen, sondern beim Nachdenken, beim Schreiben oder vielleicht noch beim Skizzieren. Hermione lässt sich als geistig schaffende Frau porträtieren, als Frau, die zu aller erst mit ihrem Kopf arbeitet, und nicht mit den Händen.

Das Atelier als Ort des kreativen und geistigen Schaffens entwickelte sich im Verlauf des 19. Jahrhunderts zu einem Statussymbol für viele Künstler. Im Atelier wurde nicht nur gearbeitet, es wurden darin Besucher empfangen, Kontakte über die Standesgrenzen gepflegt und Feste veranstaltet. Aus dem ursprünglichen Zweckraum, der mit den nötigen Gerätschaften ausgestattet war, entwickelten sich in der zweiten Hälfte des 19. Jahrhunderts phantasievoll eingerichtete und ausgestaltete Räume, in denen Künstler ihre Sammelleidenschaft auslebten und ihre vielfältigen Interessen zur Schau stellten. In extremen Fällen gab es sogar reine Schauateliers, die ganz auf die Erwartungen der Besucher ausgerichtet waren, während in anderen, wesentlich nüchterner eingerichteten Räumen tatsächlich gearbeitet wurde. Historienmaler wie Ferdinand Keller oder Hans Makart (1840–1884) waren auch wegen ihrer prächtigen Atelierräume berühmt. Hermione hat sich ganz bewusst an den Ateliereinrichtungen ihrer männlichen Kollegen orientiert. In ihrer Autobiografie „Roman meines Lebens" beschreibt sie, wie sie in München auf die Suche nach Möbeln, Teppichen und Objekten ging, um ihr erstes Atelier standesgemäß einzurichten.

Während wir viele Fotografien und Gemälden von derartig reich ausgestatteten Ateliers männlicher Künstler kennen, sind die Ateliers der Künstlerinnen im 19. Jahrhundert meist sehr viel einfacher ausgestattet. Nur sehr wenige Frauen leisteten sich damals ein Atelier wie Hermione. Die Zeiten, in denen Anne Vallayer-Coster ein Atelier im Louvre beziehen konnte, waren im 19. Jahrhundert ohnehin längst vorbei. Das Bild von Hermione in ihrem Atelier macht aber deutlich, dass sie als Malerin ebenso ernst genommen werden wollte wie ihre männlichen Kollegen. Sie wehrte sich ihr ganzes Leben gegen Rollenzwänge, die verlangten, dass Frauen Kunst nur auf eine bestimmte Weise ausüben sollten – wobei diese nicht selten sogar ohne eigenen Arbeitsraum auskommen mussten. Selbst die unabhängige Marianne North hatte lange Zeit keinen speziellen Atelierraum. Sie arbeitete auf ihren Reisen an wechselnden Orten und dort, wo es das Wetter erlaubte, offenbar am liebsten im Freien. Wohl ließ sie sich in Kew einen an das Museum angeschlossenen Atelierraum bauen, bestimmte aber, dass der Raum auch anderen Künstlern zur Verfügung stehen sollte. Selbst passionierte Freiluftmaler wie die Impressionisten hatten aber in der Regel irgendwo einen Raum, den sie als Atelier nutzten und in den sie sich zurückziehen konnten. Zumindest bei den Männern war das so. Die berühmte Impressionistin Berthe Morisot (1841–1895) hingegen malte daheim im Wohnzimmer, immer bereit, die Malsachen wegzuräumen, wenn sich Besuch ankündigte. Die Malerei unter ständiger Beobachtung im Freien oder in den Gemeinschaftsräumen der Wohnungen diente nicht zuletzt dem Zweck, die Künstlerinnen vor Verleumdungen und Verdächtigungen zu schützen, denen sie damals ausgesetzt waren. So konnte jeder sehen, dass die Künstlerin tatsächlich (unverfängliche Motive) malte. Der Verzicht auf ein eigenes Atelier ist bei Künstlerinnen daher nicht nur Ausdruck einer modernen Malweise, sondern zuallererst ein Symbol für die Beschränkungen des weiblichen Kunstschaffens im 19. Jahrhundert. „A room of one's own" – das eigene

Zimmer, das die Schriftstellerin Virginia Woolf (1882–1941) forderte, um als Frau überhaupt kreativ tätig zu werden, Hermione von Preuschen hat es sich genommen.

HERMIONE VERDIENT GELD

Vornehme Herkunft, die Spezialisierung auf Blumenmalerei, Reisen durch die ganze Welt und die schriftstellerische Tätigkeit, all dies scheint Hermione von Preuschen auf den ersten Blick mit Marianne North zu verbinden. Sehr wahrscheinlich kannte Hermione die Autobiografie der ebenso unabhängigen und reiselustigen englischen Kollegin. Und vielleicht hat Hermione Mariannes Bilder in Kew Gardens gesehen. Diesen Eindruck erwecken zumindest ihre späten Arbeiten, die sie wie Marianne auf ihren Reisen in Ölfarben auf Karton oder Papier malte und die ganz ähnliche Themen und Motive darstellen.
Doch war Hermione keine Botanikerin. Ihre Blumenbilder sind noch weniger als Mariannes Arbeiten als botanische Illustrationen zu begreifen. Die Mohnblumen auf dem Bild vom „Traumgott“ sind allein über die Fruchtstände zu erkennen. Die gefüllten Blüten könnten hingegen genauso gut als Pfingstrosen, Rosen oder Dahlien durchgehen. Blumen waren für Hermione vor allem ein künstlerisches Motiv, mit dem Stimmungen erzeugt und Geschichten erzählt werden konnten. In ihren mit vielen Blumenmetaphern bestückten Gedichten kommt diese Vorliebe noch besser zum Ausdruck. In ihrem Gedicht „Tollkraut“ (S. 142) etwa bezieht Hermione bestimmte Pflanzen auf die menschlichen Lebensabschnitte und ihre Situation als Künstlerin. Vergissmeinnicht verbindet sie mit der Kindheit, Rosen mit der Jugend und der ersten Liebe und so weiter ... Sie erforschte in ihren Bildern die poetischen Qualitäten der Blumenwelt, Sprachbilder und gemalte Bilder liegen in ihrem Werk häufig ganz nah beieinander. Die wissenschaftliche, botanische oder geografische Seite der Blumenmalerei hat sie hingegen überhaupt nicht interessiert.
Hermione verstand sich selbst als professionelle Künstlerin, die mit ihrer Kunst ein unabhängiges Leben führen konnte und ihr eigenes Geld verdiente. Dieses für uns heute so selbstverständliche Bestreben unterscheidet Hermione ebenfalls von der englischen Kollegin. Tatsächlich war Kunst als Mittel zum Broterwerb für gesellschaftlich hochstehende oder adelige Frauen nicht vorgesehen. Künstlerische Bestrebungen von Frauen galten als ein privater Zeitvertreib, der ohne größere Ambitionen ausgeübt werden sollte. So hat Marianne North ihre Bilder nicht verkauft. Sie war vermögend genug, um ihren Lebensunterhalt

von der Kunst zu trennen. In gewisser Hinsicht war sie aus diesem Grund vielleicht die angepasstere Künstlerin. Marianne malte als begabte Amateurin und entsprechend dem Ideal des Gentleman. Also als jemand, der seiner Leidenschaft nicht als Beruf nachgeht, sondern sie als ein exklusives Vergnügen betreibt. Marianne betonte in den Lebenserinnerungen sogar, dass sie die Bilder nur deshalb ausstellte, weil sie keine Lust hatte, ihren Besuchern die Bilder einzeln zu zeigen, und dass die Eintrittsgebühren die Kosten für ihre einzige Ausstellung nicht abdeckten.

Hermione hingegen verdiente im Unterschied zu Marianne North mit ihren Kunstausstellungen Geld. In regelmäßigen Abständen mietete sie Räume in Deutschland, Europa und in den USA an, kuratierte und bestückte ihre Ausstellungen selbst und sorgte für ein interessantes Begleitprogramm. Sie nahm Eintritt für ihre Ausstellungen, nicht nur um die Unkosten zu decken, sondern auch, um den Gewinn einzustreichen. Nachdem sie in Berlin den „Tempio Hermione" gekauft hatte, ließ sie auf dem Gelände ein Gebäude errichten, das sie als Atelierhaus, Privatmuseum und Verkaufsgalerie nutzte. Vielleicht hatte sie bei der Planung Mariannes Galerie in Kew im Sinn. Doch wo Marianne ihr Haus in den Dienst der Allgemeinheit stellte und ein eigenes didaktisches Konzept entwickelte, dachte Hermione wesentlich kommerzieller. Die Ausstellungen, die sie auf ihrem Anwesen veranstaltete, waren Treffpunkt der Berliner Gesellschaft. Sie gab Atelierfeste, die sie mit Musik-, Tanz- und Lyrikdarbietungen begleitete und die sie mit ihren Postkarten bewarb. Mit ihren Ausstellungen und gleichermaßen mit ihrer schillernden Persönlichkeit vermarktete Hermione ihre Kunst.

Aus heutiger Sicht erscheinen Hermiones Strategien zur Selbstvermarktung, ihre Selbstinszenierung als Künstlerin und die Verkaufsstrategien erstaunlich modern, während ihre Bilder eher rückwärtsgewandt erscheinen und vermutlich bereits zu ihren Lebzeiten als altmodisch gegolten haben dürften. So geriet die Malerin nach ihrem Tod 1918 bald in Vergessenheit. Daran konnte die von ihrer Tochter herausgegebene Autobiografie nicht viel ändern. 1996 wurde der „Tempio Hermione" in Berlin Lichtenrade abgerissen. In den letzten Jahren jedoch erlebt die Künstlerin eine kleine Renaissance. Ihre Bücher, Romane und Gedichte zirkulieren im Internet, 2009 wurde in Berlin Lichtenrade ein Platz nach ihr benannt, und 2013 erinnerten Ausstellungen in Berlin und Darmstadt an ihr malerisches und literarisches Werk.

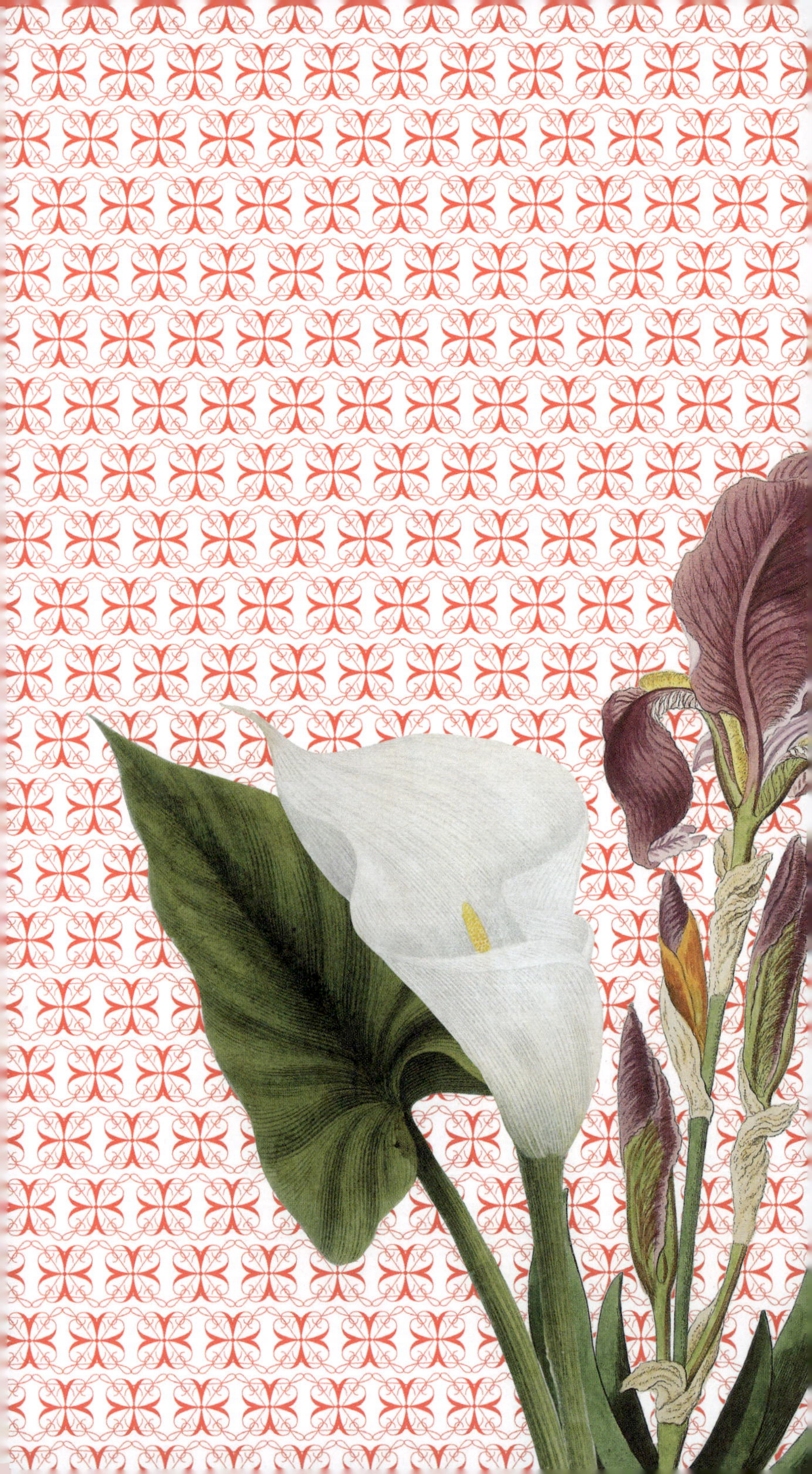

9

Blumen, Sex und Gleichberechtigung

GEORGIA O'KEEFFE

(1887–1986)

Im späten 19. Jahrhundert spezialisierte sich Hermione von Preuschen auf Stillleben und Blumen, weil Frauen in den vermeintlich anspruchsvolleren Gattungen der Malerei kaum geduldet wurden. Sie erkannte zwar, dass die Bedingungen, unter denen Frauen und Männer zu ihrer Zeit Kunst studierten und ihre Kunst ausübten ungleich waren, doch sie fand keinen Weg, dies zu ändern. In ihrem Schaffen, ihren Büchern, ihren Reden und in den Versuchen aus der Stilllebenmalerei in die großformatige Figurenmalerei zu wechseln, nahm dieses Thema viel Platz ein. Die Kämpfe, die sie austrug, um malen und leben zu dürfen „wie ein Mann", prägten ihre gesamte künstlerische Existenz.

Als Georgia O'Keeffe 1928 „Zwei Callas auf Pink" (→ABB. 20) malte, hatte sich die Arbeitsbedingungen für künstlerisch tätige Frauen spürbar gewandelt. Im Unterschied zu Hermione konnte Georgia im frühen 20. Jahrhundert an renommierten Kunstschulen studieren und Aktzeichenkurse belegen. Wohl überwiegen Stillleben und Landschaften auch in Georgias Werk, doch im Unterschied zu ihrer älteren Kollegin hatte Georgia ihre Themenwahl niemals mit geschlechtsspezifischen Einschränkungen begründet. Den eigenen Atelierraum und ihr Bedürfnis nach einem ungestörten Arbeitstag jedoch musste sich auch Georgia O'Keeffe erkämpfen.

KÜNSTLERIN

Geboren wurde Georgia O'Keeffe als Farmerstochter im US-Staat Wisconsin. Bereits als Kind hatte sie Mal- und Zeichenunterricht. Auf dem

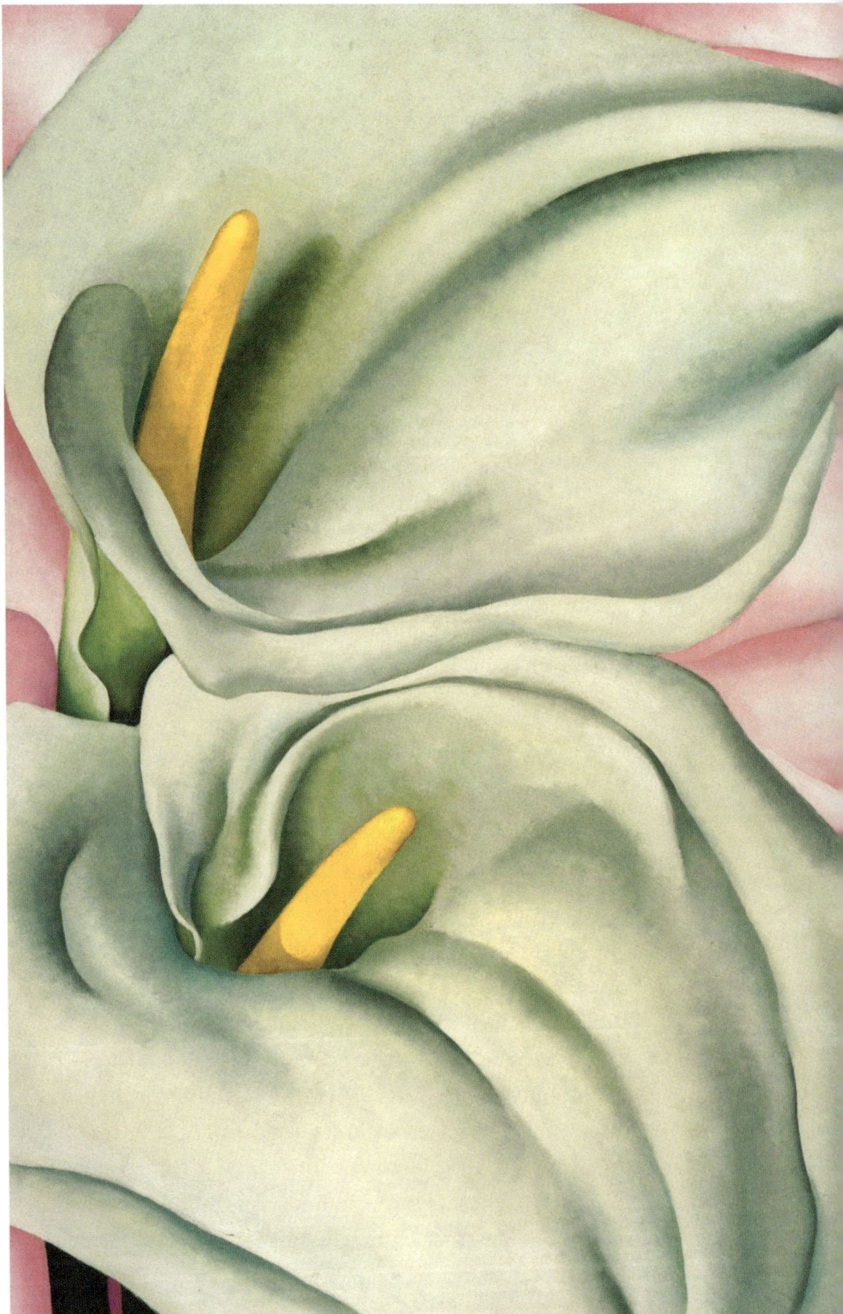

(ABB. 20) GEORGIA O'KEEFFE, Zwei Kallas auf Pink, 1928, Öl/Leinwand, Philadelphia, Phildadelphia Museum of Art

Internat entdeckte eine Lehrerin ihr Talent und unterstützte das Mädchen in ihrer Entscheidung, Malerei zu studieren. 1905 begann Georgia ihr Kunststudium am Art Institute von Chicago und setzte es 1907 an der New Yorker Art Students League fort, dem renommiertesten Kunstinstitut jener Zeit. Nach dem Studium arbeitete Georgia eine Zeit lang als Werbegrafikerin und unterrichtete Malerei. Sie lernte den Fotografen und Galeristen Alfred Stieglitz (1864–1946) kennen, der ihre Arbeiten ausstellte und sie und ihr Werk in der New Yorker Kunstszene bekannt machte. Georgia und Stieglitz heirateten 1924.

Seit dem Ende der 1920er Jahre war Georgia dank Stieglitz' Förderung und ihrer Bilderverkäufe finanziell unabhängig und sogar wohlhabend. Bedeutende Museen wie das Metropolitan Museum oder das Whitney Art Museum in New York kauften ihre Bilder und stellten ihre Arbeiten in großen Ausstellungen dem Publikum vor. Bereits 1946 organisierte das New Yorker Museum of Modern Art eine Werkretrospektive, die erste einer Frau gewidmete Einzelausstellung. Als Alfred Stieglitz 1946 starb, zog Georgia in die Nähe von Santa Fé in New Mexico und begann zu reisen. Südamerika, Ostasien, der nahe Osten und Europa gehörten in den folgenden Jahren zu den Zielen. Gegen Ende ihres Lebens verlor sie weitgehend ihre Sehkraft und widmete sich der Töpferei. Georgia starb weltberühmt als wichtige Wegbereiterin der amerikanischen zeitgenössischen Kunst mit 98 Jahren.

Als Georgia 1928 ihr Bild von den Callas malte, war sie also bereits eine bekannte Künstlerin, die von ihrer Malerei leben konnte und die sich neben den Blumenbildern mit Landschaften und New Yorker Stadtansichten einen Namen gemacht hatte. Wie viele ihrer Blumenbilder entstand auch dieses Bild am Lake George im Norden des Bundesstaates New York, wo Alfred Stieglitz ein Haus besaß, in dem das Paar die Sommermonate verbrachte. Ihr Atelier hatte Georgia sich in einem alten Schuppen eingerichtet. Doch waren Alfred und Georgia in der Sommerfrische fast nie allein. Seine zahlreichen Verwandten kamen ebenso zu Besuch wie von Alfred geförderte Künstler oder Freunde des Paares. Für Georgia war es schwer dort zu arbeiten. Sie beklagte den Mangel an Privatsphäre und ertrug es nur schlecht, während der Arbeit fast nie allein zu sein. Stets Leute um sich zu haben, die Bilder vorzuzeigen und darüber zu sprechen, bevor sie fertig waren, empfand sie als anstrengend. Lieber wies sie unerwartete Besucher zurück, um ihre Stillleben zu vollenden, bevor die Blumen verwelkten. Stieglitz konnte ihren Wunsch nach Ruhe und Abgeschiedenheit nie verstehen, erzählte Georgia später. Den Winter über bewohnte das Paar ein Appartement im 30sten Stock des New Yorker Shelton Hotels. Mitten in Manhattan gelegen und dennoch von der Welt abgeschottet, kam diese Wohnung Georgias Wünschen eher entgegen. Erst in späteren Jahren fand Georgia in der Wüste New Mexicos den idealen Ort für ihre Arbeit. In alten Farmhäusern richtete sie sich großzügige Ateliers ein. Einen großen Ford baute sie sich zu einem fahrenden Atelier um, mit dem sie die spektakulären Landschaften des amerikanischen Südwestens erkundete.

GEORGIAS BLUMENBILDER

Georgias Bild von den beiden Callas ist wie ihre vielen Darstellungen von Stechäpfeln, Prunkwinden oder Mohnblumen längst Teil unserer Alltagskultur geworden: In Kunstbänden sind sie abgebildet, die farbenprächtigen, riesenhaften Blüten in extremer Nahansicht. Auf Kalendern oder als gerahmte Poster hinter Glas verschönern sie Warteräume, Büros, Hotelzimmer und private Wohnungen. Merkwürdigerweise sind die Bilder in europäischen Sammlungen oder Museen aber fast überhaupt nicht vertreten. Wer Originale anschauen möchte, muss in die USA reisen oder eine der seltenen Ausstellungen abwarten, wie zuletzt die große Retrospektive 2012 in München. Dennoch sind Georgias Blütendarstellungen so populär wie die Sonnenblumen von Vincent van Gogh, und soviel ist sicher: Viel mehr als ihr niederländischer Kollege revolutionierte Georgia mit ihren Bildern die traditionelle Blumenmalerei. Tatsächlich hat die Künstlerin allein in der Zeit zwischen 1918 und 1932 über 200 Bilder von Rosen, Petunien, Mohnblumen, Kamelien, Sonnenblumen, Tränendem Herz, Trompetenblumen, Iris und Orchideen gemalt. Bilder, die ganz neue Lösungen für ein altes und scheinbar so vertrautes Motiv anbieten. Typische Merkmale von Georgias Stil sind die stark vergrößerten Blüten und die intensiven Farben. Gesehen aus der Perspektive des Schmetterlings, zwingen sie die Betrachter geradezu, die Nase in die Blüte zu stecken. Kunsthistoriker sprechen von Bedeutungsperspektive, wenn wichtige Dinge im Bild besonders groß dargestellt werden. Auch Georgia gibt ihren Blüten allein durch die enorme Vergrößerung eine ganz neue Bedeutung. Weil sie fand, dass niemand Blumen wirklich anschaut, wollte sie die Blumen groß malen, um „… so die Leute dazu zu bringen, sich Zeit zu nehmen, sie zu betrachten“.
Georgias Bilder ähneln fotografischen Nahaufnahmen. Tatsächlich inspirierte die Fotografie sie dazu, Farben neu zu sehen und zu fühlen,

erzählte sie. Doch ist ein Bild wie die „Zwei Callas auf Pink" nicht allein eine fotografische Bestandsaufnahme. Nach Georgias Auffassung sollte der Blick auf die Blüte Denken und Fühlen der Betrachter ansprechen. So wirken die Callas einerseits sachlich und dokumentarisch, doch schalten sich auch persönliche Erfahrungen und Assoziationen der Betrachter dazwischen. Tatsächlich wirken die Callas bei genauerer Betrachtung wesentlich beunruhigender als Vincent van Goghs Sonnenblumen, Hermiones historisierende Blumenbouquets oder die Callas auf dem Bild von Anne Vallayer-Coster (→VGL. ABB. 12). So schlicht und oberflächlich dekorativ Georgias Calla-Blüten zunächst auch aussehen mögen, so verwirrend erscheinen sie bei näherer Betrachtung. Sie lösen Assoziationen aus, die nicht immer leicht zu deuten sind.

GEORGIA UND DIE CALLA

Die „Zwei Callas auf Pink" präsentieren nur auf den ersten Blick zwei aus nächster Nähe und von schräg oben dargestellte Blüten vor einem unbestimmten, wie in Falten gelegten rosigen Hintergrund. Was tatsächlich dargestellt ist, ist gar nicht so leicht zu erkennen. Die weißen Hochblätter und die goldgelben Blütenkolben füllen beinahe die gesamte Fläche und überschneiden den Bildrand. Doch liegen die Blüten auf dem rosigen Hintergrund oder stehen sie davor? Handelt es sich bei der rosa Fläche um eine Stoffbahn oder um weitere Blüten? Die Malerin gibt darauf keine Antwort. Stattdessen stellte sie Flächen neben perspektivische Elemente. Die goldenen Blütenkolben scheinen aus der Tiefe der Blüte empor zu wachsen, während die weißen Blätter und der Hintergrund flach wirken. Schlagschatten und helle Tupfer betonen das Volumen der Blütenkolben, die wiederum zum rosa Hintergrund einen starken Kontrast bilden. Seitdem Georgia Anfang der 1920er Jahre begann, sich intensiv mit den Callas zu beschäftigen, gilt die schöne Blume als Markenzeichen ihrer Kunst. 1928 veröffentlichte die Zeitschrift „New Yorker" eine Karikatur der Künstlerin als „Our Lady of the Lily" (im Englischen wird die Calla botanisch nicht ganz korrekt als calla-lily bezeichnet). Aber wie wir im Kapitel über Anne Vallayer-Coster bereits gesehen haben, wurde die Calla in Europa bereits seit dem 18. Jahrhundert in Stillleben gelegentlich abgebildet. Seit der Mitte des 19. Jahrhunderts war sie auch in den Vereinigten Staaten eine beliebte Garten- und Gewächshauspflanze, die sich einen festen Platz im Stillleben und als Accessoire für Frauenporträts eroberte. Die einfach strukturierte Blüte ist relativ leicht zu zeichnen und hält sich in der Vase wesentlich besser als Anemonen oder Mohnblumen.

Dies mögen weitere Gründe für die Beliebtheit der Calla in der Blumenmalerei bis heute sein. Größe, schlichte Form und die weiß-goldene Farbe reflektierten zudem die damaligen Vorstellungen von weiblicher Anmut, Schönheit und Tugend. Eigenschaften, die lange Zeit der weißen Madonnenlilie (*Lilium candidum*) zugewiesen wurden, die bereits Anne Vallayer-Coster auf ihrem Bilderpaar (→VGL. ABB. 13) der Calla gegenübergestellt hatte. Und wie die Madonnenlilien werden auch Callas seit dem 19. Jahrhundert für Hochzeiten und Beerdigungen gleichermaßen gerne verwendet. In den 1920er und 1930er Jahren, als Georgia ihre Calla-Bilder malte, arbeiteten viele Maler und noch mehr Fotografen mit der Calla als Modell. Inneneinrichter dekorierten Wohn- und Geschäftsräume mit den Blüten. In vielen Filmen aus dieser Zeit kann man sie wiederfinden. Bis heute wirbt die Calla-Blüte für Parfum, Wäsche, Toilettenartikel, schmückt elegante Feste und Geschäftsessen und gehört zur Grundausstattung eines jeden größeren Blumenladens. Obwohl sie eigentlich allgegenwärtig ist, gilt sie immer noch als extravagant, stilvoll und exklusiv.

Georgia interessierte sich für Callas, „weil sie Menschen entweder besonders oder gar nicht gefallen. Bei mir hingegen lösten sie keinerlei Gefühle aus". Ihre erste Calla malte sie 1923. Dafür ließ sie sich von der Schaufensterauslage eines Floristen inspirieren. Frühe Darstellungen zeigen einzelne Blütenstängel in Blumenvasen. Später konzentrierte sie sich auf die Blüten, die den gesamten Bildraum ausfüllen, wie auf unserem Bild. Vergrößerung und Nähe zum Motiv zeichnen auch Marianne Norths Blumenbilder aus. Doch stellt man Mariannes „Nepenthes" (→VGL. ABB. 15) und Georgias Calla nebeneinander, wird deutlich, dass die Konzepte der beiden Künstlerinnen gar nicht unterschiedlicher sein können: Marianne geht es um die botanischen Details. Auch wenn sie nicht die ganze Pflanze abbildet, verliert sie nicht den Blick für das gesamte Gewächs. Vor allem aber gibt der Landschaftshintergrund ihrer Pflanze einen Ort in ihrer natürlichen Umgebung. Mariannes Bild erzählt Geschichten von exotischen Pflanzengemeinschaften und der Sehnsucht nach fernen Ländern. Georgia hingegen wählte einen Bildausschnitt, der an das Close-up der Fotografen angelehnt ist. Auch die schräge Aufsicht auf die beiden Blüten hatte sie sich von ihren fotografierenden Künstlerkollegen abgeschaut. Ohne erkennbaren Hintergrund und weitere Informationen fehlt jeder erzählende Zusammenhang. Die Blüten scheinen für sich alleine zu stehen. Aber dokumentarisch wirken die Calla-Blüten dennoch nicht.

BLUMEN UND FARBE

Georgias Calla-Bild ist weniger eine botanische Darstellung oder fotografische Dokumentation, sondern viel eher eine Farbstudie. Wie wichtig Georgia die Farben waren, deuten ihre Bildtitel an: „Lila Petunien", „Rote Kanna", „Schwarze Iris" (→ABB. 21) oder eben „Zwei Callas auf Pink" nennen Farben im Titel. Um die Farbe Blau zu studieren, hatte sie sich im Garten des Hauses am Lake George ein Beet mit purpurfarbenen Petunien zugelegt. Und von der Calla sagte sie: „Die große weiße Blume mit dem goldenen Herzen stellt etwas dar, was ich zum Thema Weiß zu sagen habe". Aber was ist das genau, was sie über die Farbe Weiß sagen will?

Weiß gilt bis heute als festliche Farbe, die für Taufen, Hochzeiten und ähnliche religiöse Anlässe verwendet wird. Reinheit und Unschuld und Neubeginn spiegeln sich darin. Doch wirkt Weiß zwar festlich, aber nicht wirklich fröhlich. Denn Weiß ist auch die kalte Farbe von Eis und Schnee, die Farbe der ausgebleichten Knochen und der Gespenster. Nicht nur die unschuldigen Anfänge, sondern auch das Ende und der Tod werden mit dieser Farbe verknüpft. So wirken die weißen Hochblätter der beiden Callas auf Georgias Bild mit ihren grau-blauen Schatten kühl und zurückgenommen. Ihre Färbung bildet einen deutlichen Kontrast zu dem rosig-weich schimmernden Hintergrund und den aufragenden gelben Blütenkolben, die im Unterschied zu den weißen Flächen geradezu lebendig wirken. Georgia gewährt einen intimen Einblick in den Blütenkelch. Ihre suggestive Farbgestaltung löst in diesem Zusammenhang erotische Assoziationen aus: Der rosige Hintergrund lässt an Haut und Fleisch denken, die Organe der Calla-Blüten erinnern unweigerlich an menschliche Geschlechtsorgane. Der Künstler Robert Mapplethorpe (1946–1989) hat diese Lesart später ebenso in seinen Fotografien von Calla-Blüten aufgegriffen wie Anne Vallayer-Coster bereits mehrere hundert Jahre zuvor auf ihrem Stillleben.

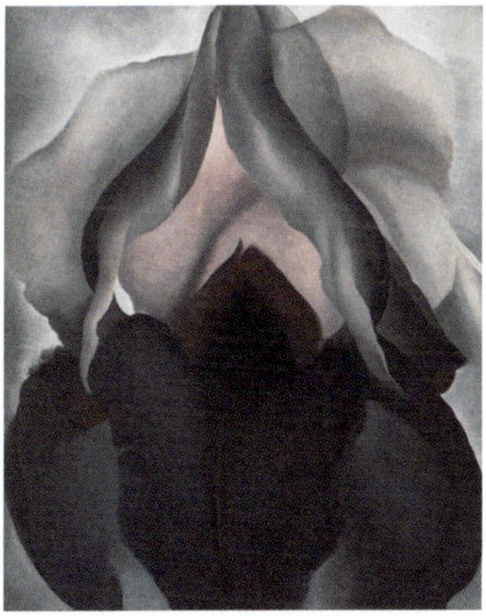

(ABB. 21) GEORGIA O'KEEFFE, Schwarze Iris III, 1926, Öl/Leinwand, New York, Metropolitan Museum of Art

Georgia selbst hat sich den sexualistischen Interpretationen ihrer Blumenbilder, die Details der pflanzlichen Anatomie erotisch interpretierten, stets entgegengestellt. Sie meinte, dass Kritiker und Betrachter ihre eigenen Vorstellungen auf die Bilder übertragen hätten. Doch hat auch Alfred Stieglitz als ihr Galerist die einseitige Interpretation und die Betonung der geschlechtsspezifischen Aspekte ihrer Kunst hervorgehoben und in der Öffentlichkeit verbreitet. Seine freizügigen Fotografien von Georgia als Akt und Halbakt vor den eigenen Bildern mögen Kritiker zusätzlich dazu veranlasst haben, Bilder von der Künstlerin auf ihr Werk zu übertragen. Tatsächlich scheint die bis heute diskutierte erotische Ausdeutung von Georgias Blumenbildern bisweilen überstrapaziert, wenn man sich etwa ihre Bilder von Mohnblumen oder Prunkwinden anschaut. Andererseits arbeitete Georgia aber bevorzugt mit Blütenformen, die eine freudianische Lesart nahelegen. Die phallische Form der Calla war Anne Vallayer-Coster bereits im 18. Jahrhundert aufgefallen, die sie entsprechend im erotisch aufgeladenen Umfeld von Venus und Bacchus platzierte. Etwas anders liegt der Fall bei Georgias Darstellung einer der ältesten und traditionsreichsten Gartenpflanzen überhaupt, der Blume der französischen Könige, der Wappenblume der Stadt Florenz, des Darmstädter Fußballclubs und dem Symbol der Jungfrau Maria.

SCHWERTLILIEN

Im Unterschied zur Calla, die erst im 17. Jahrhundert nach Europa und im 19. Jahrhundert nach Nordamerika kam, wurde die blaue Schwertlilie oder Iris in Europa bereits in der Antike kultiviert. Botaniker kennen heute mehr als 200 verschiedene Iris-Arten, aus denen im Verlauf der Jahrhunderte unzählige Sorten heraus gezüchtet wurden. Zweiundzwanzig verschiedene Sorten und Arten sind allein im „Hortus Eysttensis" abgebildet. So ist auch nicht eindeutig auszumachen, welche Iris Georgia 1926 für ihr Bild „Black Iris III" im New Yorker Metropolitan Museum als Vorbild gewählt hat (→ABB. 21). Die Farben zwischen Blaugrau, Violett und Schwarz lassen einen Moment an die berühmte *Iris susiana*, die „Dame in Trauer" denken. Doch sind auf dem Bild am linken Hängeblatt der Blüte borstige Ansätze zu sehen, die bei der *Iris susiana* nicht vorkommen, aber typisch sind für die Formen der *Iris germanica* oder Bartiris. Doch für botanische Details hat sich Georgia ohnehin nicht interessiert. Tatsächlich hat sie die Blüte für ihr Bild etwas vereinfacht und verfremdet. Ihr Bild ist eine Großaufnahme ohne Hintergrund geworden. Man kann buchstäblich in die Pflanze hineinschauen. In extremer Nahansicht ist nur eine einzelne der insgesamt drei Irisblüten zu erkennen, und auch diese wird von den Bildrändern überschnitten, so dass die Blüte wie ein Torso wirkt. Aus einer leichten Untersicht gesehen, erscheint die Blüte geradezu monumental. Ähnlich wie die Calla-Blüten entwickelt die Iris einen regelrechten Sog, der den Blick in die Blütenmitte zieht. Doch wo bei den Callas die Blütenkolben den Blick abfangen, scheint der schwarze Schlund der Iris tief ins Innere der Blüte zu führen.

Tatsächlich aber markiert die schwarze Fläche gar keine tiefe Höhle. Ganz im Gegenteil: dargestellt ist der „Bart" auf dem mittleren Hängeblatt, der den Blick auf die violetten Blütenblätter verdeckt. Doch ganz gleich, ob nun eine Höhle oder eine Barriere zu sehen ist: Georgia spielt auf dem Bild sehr geschickt mit unseren Sehgewohnheiten, Erwartungen und inneren Bildern: Erotische Assoziationen, die an Merkmale des weiblichen Körpers denken lassen, stellen sich wie von selbst ein. In diesem Zusammenhang erscheinen die dunklen Farben der Iris als weiteres Element von Georgias Verführungskunst. Schwarz und Grau und Violett, die Farben von Nacht, Sünde, Tod und Geheimnis verbinden sich mit den Anspielungen auf den weiblichen Körper zu einer Darstellung der dunklen Seite der weiblichen Sexualität.

SCHWARZE IRIS

Georgia hat mit ihrer schwarzen Iris den traditionellen Darstellungen eine neue Lesart hinzugefügt. Jahrhundertelang war die blaue Schwertlilie neben der Rose und der Madonnenlilie die wichtigste der Muttergottes zugeordnete Pflanze. Ihre blaue Farbe symbolisierte den Mantel der Himmelskönigin, der Herrin des himmlischen Paradieses. In diesem Sinne krönt eine himmelblaue Iris Anne Vallayer-Costers Blumengesteck, das von Madonnenlilien und Rosen ergänzt wird. Anne inszenierte Anspielungen auf Maria, Himmel und Paradies als originellen Kontrast zu dem mit heidnischen Motiven belegten Bild mit den Callas. In Bourdichons Stundenbuch wird die Iris ebenfalls von Rosen und Madonnenlilie auf den Folgeseiten begleitet, genauso wie Clara Peeters' Stillleben im Prado (→VGL. ABB. 7).

Vor dem Hintergrund dieser jahrhundertealten Traditionen erscheint Georgias schwarze Iris noch ungewöhnlicher. Statt der gewohnten blauen Blüten, die an den Himmel oder den Marienmantel denken lassen, malte sie ein schwarz-graublaues Gebilde, das erst auf den zweiten Blick als Iris erkennbar wird. Deutlicher noch als die Calla-Blüten scheint der Blick auf die Iris einen intimen Blick auf die weibliche Anatomie zu gewähren. Doch ist diese Assoziation gar nicht so neu. 1470 malte der niederländische Maler Hugo van der Goes auf dem „Wiener Diptychon" im kunsthistorischen Museum in Wien ein Bild vom Garten Eden mit dem ersten Menschenpaar, auf dem Evas Scham anstelle des üblichen Feigenblatts von einer blauen Iris-Blüte bedeckt wird. Die Iris steht auf diesem Bild für das weibliche Geschlecht, für Paradies und Sünde gleichermaßen.

BLUMEN MALEN IM 20. JAHRHUNDERT

Von der mittelalterlichen Marienpflanze, dem Symbol für die unschuldige Königin des Himmels, ist auf Georgias Iris-Bild nichts übrig geblieben. Das himmlische Paradies, Maria, Eva ..., mag sein, dass Georgia beim Malen daran gedacht hat, aber als Betrachter bleiben wir am Ende ganz allein mit der riesigen Blüte und unseren Gedanken. Georgia arbeitete auf ihren Bildern mit den Callas und der Iris seit langem bekannte Motive heraus. Ihre Darstellungen sind nur scheinbar naturalistisch. Für Georgia waren die Blütenbilder ein Mittel, um innere Vorgänge und Gefühle bildlich darzustellen. Zu diesem Zweck hat die Formen verfremdet, zu scheinbar schlichten Farbflächen und einfachen Formen reduziert, die Ränder beschnitten, die Blüte riesenhaft vergrößert und aus den alten Zusammenhängen gelöst.
Die Kunstkritik fasste Georgias Blumenbilder von Anfang an als typisch weibliches Thema auf. Alfred Stieglitz Äußerungen und Fotografien waren für diese Einschätzung gewiss von Bedeutung, doch wirkten zugleich auch die geläufigen Vorstellungen von der Blumenmalerei als Beschäftigung für Frauen in der Kunst weiter, die im 19. Jahrhundert verstärkt diskutiert und im 20. Jahrhundert geradezu reflexartig miteinander verknüpft wurden. Und das, obwohl die traditionelle Einteilung der Malerei in unterschiedlich bewertete Gattungen für Georgias Ausbildung eigentlich keine Rolle mehr spielte. Dennoch hielt sich weiterhin die Einschätzung von Blumenbildern als zweitrangige Malerei. So bezeichnete der berühmte abstrakte Maler Piet Mondrian (1872–1944) seine zahlreichen Blumenbilder als reine Brotarbeiten, die er nur malte, um Geld zu verdienen. Zur gleichen Zeit wurde in den USA Georgia mit ihren Blumenbildern berühmt. Vielleicht war es für Georgia als Amerikanerin einfacher, sich von den alten Traditionen und dem Ballast der europäischen Kunstgeschichte zu lösen. Dennoch bleibt der Eindruck, dass dekorative Blumenbilder, gemalt von einer attraktiven und unkonventionellen Frau, sich auch gut vermarkten ließen. Tatsächlich

waren Georgias Blumenbilder – und ganz besonders die Serie mit den Callas – ein großer kommerzieller Erfolg. Die Bewertung der Blumenbilder als vermeintlich „weibliche Kunst" birgt jedoch auch Gefahren. Sie setzt voraus, dass Männer und Frauen unterschiedlich malen, weil sie sich in ihrer Veranlagung und psychischen Struktur unterscheiden und bestimmte Themen deshalb für das andere Geschlecht unpassend sind – oder im Fall von Mondrian auch eine Zumutung darstellen, auf die man sich nur aus kommerziellen Gründen einlässt. Dessen war sich Georgia ebenfalls bewusst. Sie selbst hat sich stets geweigert, ihre Malerei auf ihre Biographie und Sexualität zu beziehen. Gegen Ende der 1960er Jahre fand eine neue, feministisch orientierte Kunstgeschichtsschreibung in Georgias Blumenbildern eine weibliche Antwort auf den männlich dominierte Bilderwelt. Feministinnen sahen in Georgias Bildern eine Auseinandersetzung mit patriarchalisch geprägten Bildmotiven und den Umgang mit Frauen in der Kunstwelt. Georgias Bilder inspirierten feministische Künstlerinnen wie Judith Chicago zu eigenen Gedanken über die Besonderheiten der Kunst von Frauen. Fest steht, dass Georgia ihren Status als künstlerisch tätige Frau in ihren Bildern reflektiert hat. Sie maß sich gerne an den Männern. Sie fand, dass sie ebenso gut malen konnte wie irgendein Mann. Und sie wies gerne darauf hin, dass sie sich erfolgreich an vermeintlich männlichen Themen versucht hätte, wie etwa an den Bildern von New Yorker Hochhäusern. So betrachtet, wirken ihre Blumenbilder tatsächlich wie eine sehr bewusste Auseinandersetzung mit der eigenen Rolle als Künstlerin. Sie scheinen eine Antwort auf die Frage nach der „weiblichen Kunst" zu geben. Georgia scheint auf ihren Bildern von Callas und Iris, Elemente der weiblichen Körpers mit der Anatomie der Pflanzen zu verknüpfen. Mit Hilfe der Blumenmetapher, die seit Jahrhunderten mit Weiblichkeit und Frau-sein besetzt ist, erforscht sie die weiblichen Sexualität. Die Iris und die anderen Blüten erscheinen in dieser Lesart als metaphorische Darstellungen des weiblichen Körpers, die sich von der Tradition der weiblichen Akte im männlichen Kunstschaffen unterscheiden. Selbstverständlich muss man gar nicht so extrem argumentieren, wenn man Georgia O'Keeffes Blumenbilder betrachtet. Man kann sie genauso gut als Nahaufnahmen und Farbstudien blühender Pflanzen an der Grenze zur Abstraktion bewundern. Dennoch glaube ich, dass Georgia sehr genau über Darstellungskonventionen und Bedingungen nachgedacht hat, unter denen Blumenbilder zu ihrer Zeit gemalt wurden. Und so erscheinen auf Georgias Bildern die Blumen erstmals seit langer Zeit wieder als ein Motiv, das um seiner selbst willen gemalt wird, und nicht als etwas, das Malerinnen notgedrungen darstellten, weil ihnen der Zugang zu anderen Themen nicht gestattet war oder weil sie es zum Broterwerb brauchten.

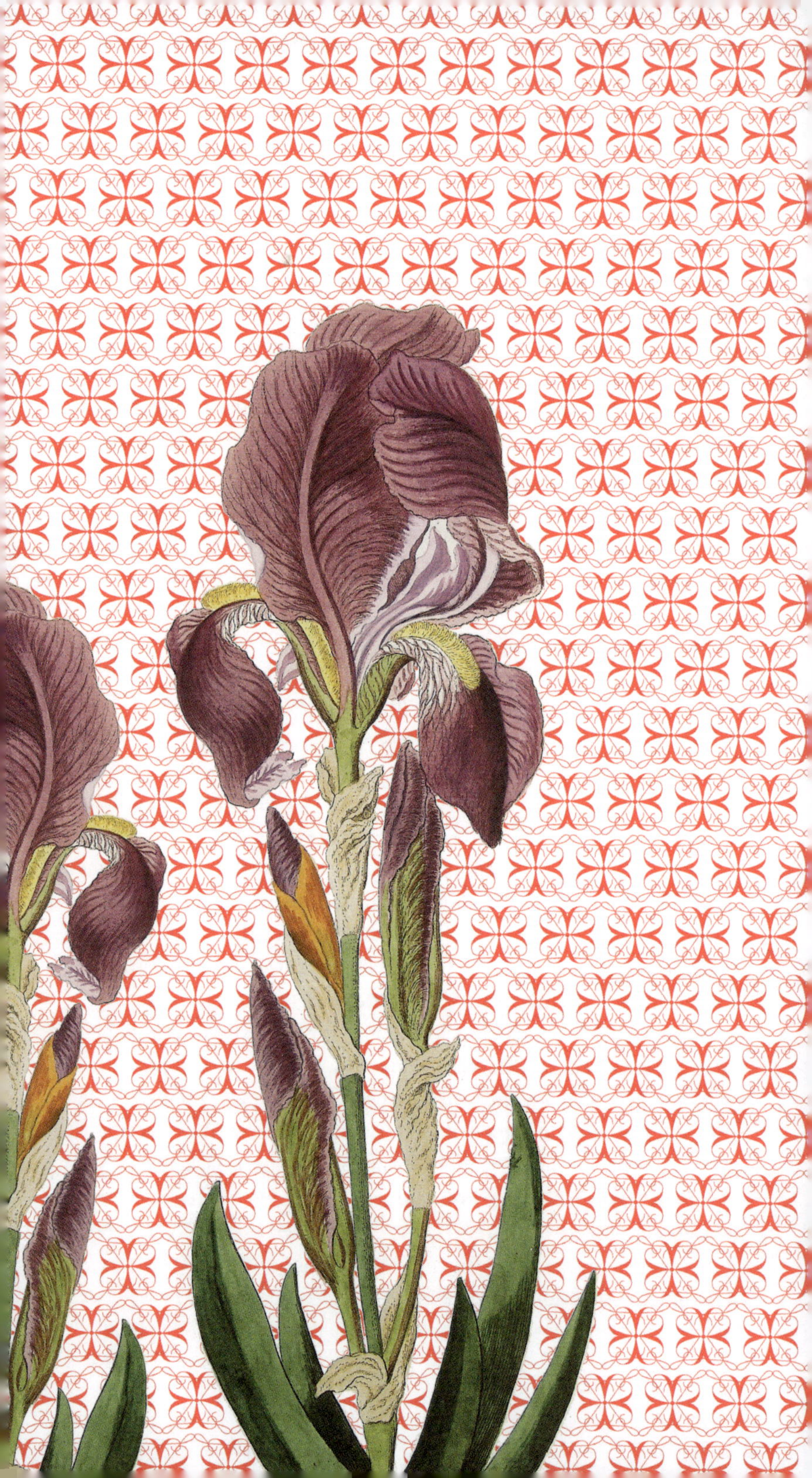

10

Das botanische Schauspiel von ANITA ALBUS

(GEB. 1942)

Georgia O'Keeffes Bilder von den Callas auf Pink und der schwarzen Iris haben einen bedeutenden Platz in der Geschichte der amerikanischen Kunst des 20. Jahrhundert und in der Geschichte des weiblichen Kunstschaffens. Sie gehören zu den Schätzen der großen amerikanischen Museen, ihr Status und ihre Funktion als Museums-und Galeriebilder sind unbestritten. Andere Werke der jüngeren Kunst, die sich ernsthaft mit den Besonderheiten von Floras Reich auseinandersetzen, lassen sich hingegen weniger leicht in den für uns gewohnten Kontext der Galerien und Museen auf der einen Seite oder der wissenschaftliche Darstellungen andererseits einordnen. Obwohl sie unbestreitbar kunstvoll und wunderschön gemalt und in beiden Bereichen vorstellbar sind, bekommt man sie in Museen oder Ausstellungshallen nur selten zu sehen.

NOCH EINE IRIS

In diesen Kreis ganz besonderer Pflanzenbilder gehört die fein gemalte Darstellung einer zierlichen Blume (→ABB. 22). Ihre violett, gelb abgesetzte Blüte, der hohe Stängel und die schmalen Laubblätter verraten, dass es sich um eine Schwertlilie handelt, vielleicht sogar um die gleiche Art, die Clara Peeters auf ihrem Bild im Prado dargestellt hat (→VGL. ABB. 7). Das Bild stellt uns die Pflanze in fein abgestuften Violett-Tönen mit kaum sichtbaren Vertiefungen auf den Laubblättern vor. Kein Pinselstrich ist zu erkennen. Stängel und Blätter sind mit hauchdünnen, etwas dunkleren Konturlinien umrandet. Farbauftrag und die Verteilung von

Licht und Schatten wirken so präzise wie auf den Bildern von Maria Sibylla Merian und Clara Peeters oder im Stundenbuch der Anne de Bretagne. Der Unterschied zur schwarzen Iris von Georgia O'Keeffe, den duftigen Blumenstillleben von Hermione von Preuschen oder den Bildern von Marianne North könnte größer gar nicht ausfallen.
Doch auch der Vergleich mit Sue Hénons botanisch-wissenschaftlichen Hyazinthendarstellungen (→VGL. ABB. 2 UND 3), die dem Iris-Bild zeitlich und formal am nächsten stehen, scheint nicht wirklich zu passen: Wo Sue ihre Hyazinthen tiefenwirksam mit Verkürzungen darstellt, bleibt die Iris trotz der vielen realistischen Details flach. Dazu tragen die dunklen Umrisse bei und vor allem das Fehlen von Schlagschatten, wie sie Jean Bourdichon, Maria Sibylla Merian, Clara Peeters und Sue Hénon ihren Darstellungen stets hinzugefügt haben, um einen möglichst realistischen Eindruck zu erzeugen. So erinnert die Iris auf grauem Grund entfernt an die gepressten Pflanzen der wissenschaftlichen Herbarien. Doch ist in einem Herbarium zumeist die ganze Pflanze zu sehen und nicht nur ein Teil davon. Ebenso haben sich die Künstler der alten Florilegien wie im „Hortus Eystettensis" bemüht, die Pflanze möglichst vollständig abzubilden und setzten die porträtierte Pflanze zudem stets in die Mitte des Bildfeldes.
An der botanischen Genauigkeit ist bei der Iris-Darstellung zwar nicht zu zweifeln, dennoch wirkt das Bild bei aller Präzision irgendwie irritierend. Liegt es vielleicht daran, dass nur die obere Hälfte der Pflanze mit einem Teil der Laubblätter und der Blüte dargestellt ist und die Blüte dazu noch unverhältnismäßig klein wirkt? Auf den Blumenbildern, die wir bisher betrachtet haben, standen ja die Blüten im Mittelpunkt und nicht die Blätter. Oder liegt es an dem körnigen grauen Hintergrund, der die leuchtenden Grün- und Violett-Töne noch hervorhebt? Tatsächlich nimmt die graue Fläche den meisten Platz auf dem Blatt ein. Die Iris füllt gerade einmal die Mitte der unteren Hälfte des hochformatigen Blattes. Maria Sibylla Merian und Sue Hénon haben auf ihren Bildern den Platz wesentlich besser ausgenutzt.
So gesehen, wirkt die Iris fast ein wenig schüchtern, wie sie sich auf dem großen Blatt den Betrachtern zur Schau stellt. Doch obwohl es sich bei der Iris um ein zartes Gewächs handelt, verschwindet sie nicht auf der Bildfläche, dafür sorgen die leuchtenden Farben und die leichte Untersicht.
Flächige und dennoch naturalistische Blumendarstellungen in extremer Nahansicht, mit scheinbar willkürlich angeschnittenen Rändern kennen wir aus der japanischen Malerei. Meister wie Hokusai oder Hiroshige waren im 19. Jahrhundert Vorbild für Vincent Van Gogh und andere Europäer, die auf ihren Bildern nach neuen formalen und perspektivischen

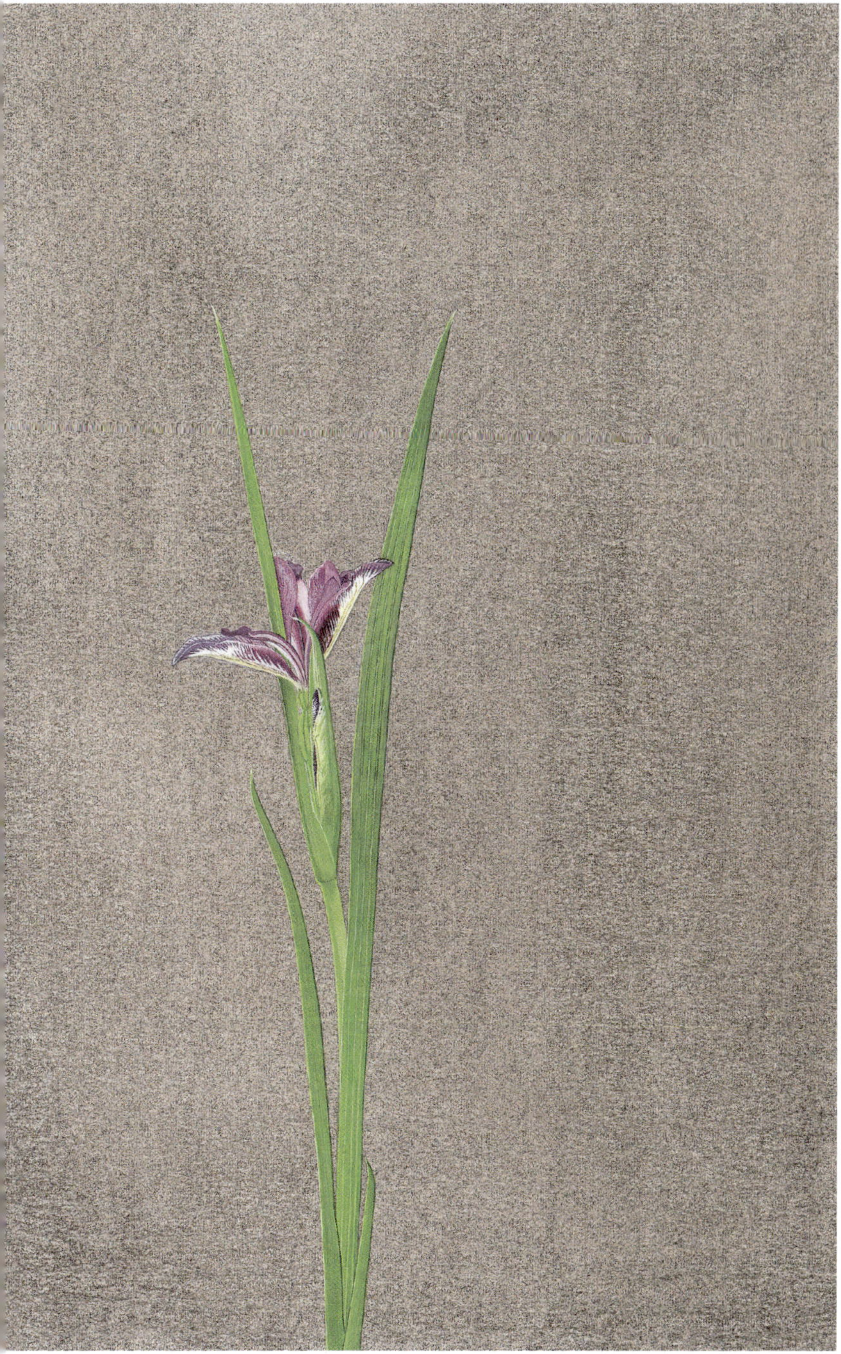

(ABB. 22) ANITA ALBUS, Iris graminea, Wasserfarben auf Papier, Privatbesitz

Gestaltungsmöglichkeiten suchten. Marianne North und Georgia O'Keeffe profitierten von den nach japanischen Vorbildern entwickelten Lösungen, wenn sie etwa Nahansichten einer Pflanze mit fernen Landschaftshintergründen kombinierten oder eine einzelne Blüte ganz besonders groß darstellten. Mit der Japanmode gegen Ende des 19. Jahrhunderts wurde die Iris zudem zu einem begehrten Motiv in der Malerei und zu einer beliebten Gartenpflanze. An gärtnerische Vorlieben, an japanische Vorbilder und alte Meister der europäischen Malerei erinnert auch unser Bild. So geht es ganz gewiss um den Dialog mit der Vergangenheit. Aber um was für eine Art von Bild handelt es sich überhaupt und welche Funktion erfüllt es?

DAS BOTANISCHE SCHAUSPIEL

Tatsächlich handelt es sich bei der Darstellung der kleinen Schwertlilie auf grauem Grund um eine Buchillustration, gemalt von der Künstlerin und Schriftstellerin Anita Albus. Zu bewundern ist die Iris in dem Band „Das botanische Schauspiel. Vierundzwanzig Blumen nach dem Leben gemalt & beschrieben" aus dem Jahr 2007. Darin stellt Anita Albus ungewöhnliche und seltene Blumen in Bildern und Texten vor. Sie schreibt über die Geschichte der Blumen und über die Menschen, die sie auf ihrem Weg aus der Wildnis in die Gärten begleitet haben: Pflanzenjäger, Forschungsreisende, Botaniker, Gärtner, Maler und Liebhaber werden besprochen. Jedes Kapitel ist einer Blume gewidmet, und jedes der Kapitel wird mit einer gemalten, farbigen Blumendarstellung eingeleitet. Die Iris schließt die Reihe der vorgestellten Pflanzen ab. Der kurze Text auf der gegenüber liegenden Seite erklärt, dass es sich um *Iris graminea*, die grasblättrige Schwertlilie oder Pflaumeniris handelt, die wild im Mittelmeergebiet, Südrussland und im Kaukasus wächst, 40 cm hoch wird und im Mai und Juni blüht. Das Bild der Iris füllt die ganze Seite, genauso wie die anderen Pflanzenbilder in diesem Buch auch.
Exotische Lilien, Orchideen, Primeln und Mohn aus dem Himalayagebiet, aus Japan oder aus Nord- und Südamerika sind im „Botanischen Schauspiel" vertreten, aber auch bekanntere Arten wie die Schachblume. Auf manchen Bildern erscheint der Bildgrund weiß, wie auf dem Blatt mit der Kardinalslobelie (→ABB. 23), auf anderen ist er gelblich, bräunlich oder grau-braun eingefärbt, wie bei der Iris. Und wie auf den beiden Bildern mit der Iris und der Kardinalslobelie zu sehen, hat die Künstlerin alle ihre Blumen jeweils mit Blüten, Knospen, Stängeln und Blättern, aber ohne die unterirdischen Teile dargestellt. Den Laubblättern hat sie besonders viel Platz eingeräumt,

während die Blüten, obwohl wunderschön gemalt, eher klein geraten sind. Die Kardinalslobelie hatte Anita Albus wie die meisten der im Buch abgebildeten Gewächse 1987 schon einmal publiziert. Einundzwanzig Reproduktionen ihrer Bilder in Originalgröße, dazu Beschreibungen, ein Inhaltsverzeichnis und ein Nachwort auf losen Doppelseiten füllten eine großen Kassette aus grauem Karton, die aber bald nach ihrem Erscheinen nur noch antiquarisch zu haben war. Für die Buchversion des „Botanischen Schauspiels“ begnügte sich die Autorin mit verkleinerten Reproduktionen. Sie behielt jedoch die alte Anordnung von Bildern und Texten bei und fügte ein neues Nachwort und drei weitere Bilder – darunter die Pflaumeniris – hinzu.

EIN EIGENER GARTEN

Die Sammlung der 1987 veröffentlichten einundzwanzig großformatigen Blumenbildern auf Büttenpapier war das Ergebnis eines Projekts, dem sich Anita Albus mehrere Jahre lang widmete. Die Künstlerin malte die Blumen nach Exemplaren, die sie in ihrem Garten in Frankreich selbst gezogen und gepflegt hatte. In unserer Betrachtung gehört sie zu den ganz wenigen Malerinnen, die tatsächlich den eigenen Garten als Teil der künstlerischen Arbeit nutzten. Marianne North fand erst Zeit für einen Garten, als sie nicht mehr unterwegs war. Er war ein Ersatz für die Reisen, die sie nicht mehr unternehmen konnte, und erinnerte sie an bestandene Abenteuer. Für ihre Galerie in Kew spielte der Garten keine Rolle. Auch zu Hermione von Preuschens Berliner Villa gehörte ein Park. In ihrer Lebensbeschreibung räumt die Künstlerin gärtnerischen Themen jedoch nur wenig Platz ein. Pflanzen, wie etwa der Wintergarten voller vorgetriebener Hyazinthen, waren für Hermione eine Kulisse, vor der sie Erinnerungen an die schönen Tage mit dem geliebten zweiten Ehemann wachrief. Direkte Bezüge zwischen ihrem Garten in Berlin und ihrer malerischen Arbeit lassen sich nicht herstellen. Von Georgia O’Keeffe wissen wir, dass sie am Lake George Blumenbeete anlegte, um die Farben zu erforschen. Zu ihren Farmhäusern in New Mexico gehörte ebenfalls ein Garten, in dem sie Gemüse zog. Beziehungen zur Natur, zur weiten Landschaft und zu den Jahreszeiten waren wichtig für Georgia, die auf dem Land groß geworden war. Sie hat sich offenbar immer gerne mit Gartenarbeit beschäftigt, doch eine Grundlage für das malerische Werk war auch ihr Garten nicht. Die botanische Malerin Sue Hénon wiederum ist zu beschäftigt, um sich um einen eigenen Garten zu kümmern. Sie besucht botanische Gärten, um seltene Arten zu porträtieren, oder

besorgt sich die Modelle im Handel. Eine Auslage in einen Blumenladen inspirierte ja auch Georgia O'Keeffe zu ihrer ersten Calla-Darstellung. Tatsächlich gehören gärtnerische Tätigkeit und die Kunst der Blumenmalerei nicht zwingend zusammen. Und so sind Anita Albus' Blumenbilder auch in dieser Hinsicht eine Besonderheit, weil die Künstlerin für ihre Arbeit das Leben der Pflanze aus dem Samenkorn, der Knolle oder Zwiebel bis zur fertigen Pflanze mit Knospen, Blüten und Fruchtständen verfolgt hat. Bei Anita Albus liegen botanische und künstlerische Interessen ganz eng zusammen. Sie ist ebenso Forscherin wie Malerin.
Aber warum hat sie sich für ihr Projekt ausgerechnet Pflaumeniris, Kardinalslobelien, Schokoladenkosmeen, Pfauenlilien oder Ingwerorchideen als Modelle ausgesucht?

DER LEIDENSCHAFTLICHE GÄRTNER

Geweckt wurde das Interesse der Autorin an diesen speziellen Gewächsen durch das Buch „Der leidenschaftliche Gärtner“ von Rudolf Borchardt (1877–1945). Der Schriftsteller, Lyriker, Übersetzer und Altphilologe schrieb darin über die Geschichte der Gartenkunst und über neue, verlorene, seltene und eigene Gewächse, die früher einmal die Gärten verschönerten, aber bereits zu seiner Zeit selten geworden waren. Verfasst hatte der Autor sein Werk 1938 im italienischen Exil. Worum es in diesem Buch genau geht, lässt sich gar nicht so einfach zusammenfassen. Es ist jedenfalls mehr als nur eine weitere Geschichte der Gartenkunst oder eine Anleitung zur Gartengestaltung und Pflege bestimmter Pflanzen. Borchardt hat intensiv über die Beziehungen zwischen Menschen und Gewächsen nachgedacht. Er fragt darin nach der Bedeutung der Gärten in unserer zivilisierten Welt und nach dem, was Gärten über unsere Kultur aussagen. Eher pessimistisch gestimmt, beklagt er den Verlust vieler wunderbarer Pflanzenarten, weil sie nicht den Wünschen und Anforderungen der Gartenbesitzer nach bunten, immer blühenden Gewächsen und pflegeleichten Gärten entsprechen.
Neugierig auf die bei Borchardt erwähnten Pflanzen geworden, machte Anita Albus sich auf die Suche. Sie wollte einige Arten in ihrem Garten selber anpflanzen, um sie zu malen. Doch stieß sie bald auf Schwierigkeiten: Viele Pflanzen, über die Borchardt 1938 in seinem Buch spricht, waren 1985 im regulären Gartenhandel nicht mehr zu finden. Mit der Hilfe von Spezialgärtnereien gelang es der Malerin, eine Auswahl von Gewächsen zusammenzustellen, die sie in ihrem Garten heranzog und als Modelle für ihr „Botanisches Schauspiel“ verwendete.

Zwölf Bilder aus dem Projekt fanden im selben Jahr, in dem „das Botanische Schauspiel" als Portfolio erschien, den Weg zurück in Borchardts Buch, weil der Verlag, in dem Anita Albus Mappe erschien, auch Borchardts Werk erneut auflegte. Borchardt hatte sein Buch im Unterschied zu den allermeisten damaligen Gartenbüchern jedoch ohne Abbildungen geplant. Dies hatte weniger mit Problemen in der Drucklegung zu tun oder damit, dass er sein Werk als Lesebuch zum Lesen und nicht als Bilderbuch zum Blättern verstand, sondern vielmehr damit, dass dem Autor zufolge die große Mehrzahl der besprochenen Gewächse noch nie gezeichnet worden war. Zudem mochte Borchardt die in vielen damaligen Gartenbüchern verwendeten schwarzweißen und farbigen fotografischen Abbildungen nicht. Seiner Meinung waren Fotografien nicht in der Lage, das besondere und einzigartige Wesen der Blumen wiederzugeben. Doch auch die gemalten und gezeichneten Blumenbilder seiner Zeitgenossen empfand Borchardt als mangelhaft. Er beklagte stattdessen den allgemeinen Verfall der Blumenmalerei seit der Mitte des 19. Jahrhunderts, die mit dem Impressionismus völlig ausgelöscht wurde. Für ihn stammten die schönsten und besten Blumendarstellungen von holländischen Blumenmalern aus dem 17. Jahrhundert. Er meinte, dass es vor diesem Hintergrund wichtiger sei, die Qualitäten von Blumenzeichnung und Blumenmalerei der holländischen Meister und ihrer Nachfolger wieder herzustellen als die Blumenfotografie weiter zu entwickeln.

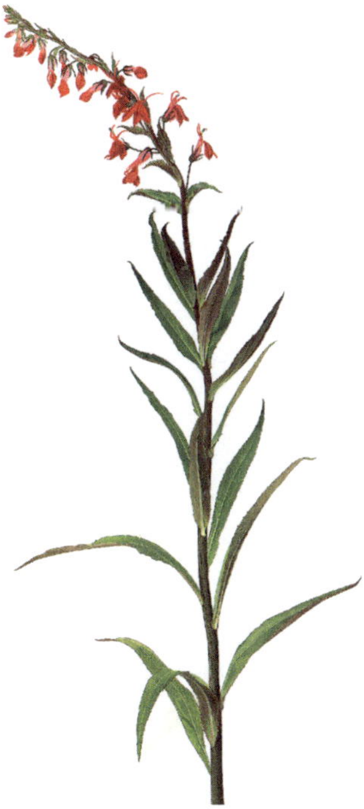

(ABB. 23) ANITA ALBUS, Kardinalslobelie, Wasserfarben auf Papier, Privatbesitz

Ganz offensichtlich war Rudolf Borchardt ein Mensch, der den modernen Künsten misstraute. Für ihn hatte die Darstellung von Gewächsen ebensoviel mit realistischer Wiedergabe der Details zu tun wie mit einer besonderen Erziehung des Auges. Beides fehlte ihm in der damaligen Malerei und beides traute er der Fotografie nicht zu. Tatsächlich ist die

Fotografie der Malerei ja nicht in jedem Fall überlegen. Sue Hénon etwa erhält auch Aufträge für botanische Bestimmungsbücher. Sie hat mir erklärt, dass ein gezeichnetes und gemaltes Pflanzenbild die Merkmale einer Art wesentlich besser herausarbeiten kann als die Fotografie eines individuellen Exemplars, das nie alle Besonderheiten einer ganzen Art in sich vereint und schon gar nicht die verschiedenen Lebensstadien von der Knospe über die Blüte bis zum Fruchtstand wiedergeben kann. Georgia O'Keeffe wiederum verwendete zur gleichen Zeit, als Borchardt sein Buch schrieb, auf ihren Bildern fotografische Darstellungsweisen wie Nahansicht, besondere Blickwinkel oder vom Bildrand überschnittene Gegenstände. Doch auch sie hat stets betont, dass ihre Malerei Dinge zum Vorschein bringen und Emotionen erzeugen kann, die in der Fotografie nicht darstellbar sind.

MALEN UND SCHREIBEN

So scheinen Anita Albus Pflanzenbilder auf Borchardts Klage über den Mangel an geeigneten Blumendarstellungen zu antworten. Auf ihren Bildern widmete sie sich mit Fleiß und Hingabe, mit Geduld und Spucke jenen selten oder gar nicht dargestellten Pflanzen, die Borchardt in seinem Buch besprochen hat. Ihre Bilder geben Borchardts Beschreibungen Farbe und Gestalt und stellen Bezüge zur Kunst der alten Meister her. Anita Albus hat sich intensiv mit der Kunst der Miniaturenmalerei und mit augentäuschenden Darstellungen auseinandergesetzt. Von 1960 bis 1964 studierte sie freie Grafik an der Volkwangschule für Gestaltung in Essen. Sie machte sich einen Namen als Autorin von Romanen und Essays und als Malerin feinteiliger Darstellungen von Gegenständen und Naturdingen. Für eine Veröffentlichung des Ethnologen Claude Levi-Strauss malte sie Tiere des südamerikanischen Dschungels und für Christoph Ransmayrs „Die vergessene Welt" zeichnete sie die Vignetten. Als Autorin illustriert sie ihre eigenen Texte selbst, so etwa die prächtigen Vogelbilder für das 2005 erschienene Buch „Von seltenen Vögeln" oder für ihr jüngstes Projekt über Schmetterlinge.
Malen und Schreiben gehörten für Anita Albus bereits bei der Arbeit an den Bildern zum „Botanischen Schauspiel" zusammen. Die stilistische Nähe ihrer Bilder zu den wissenschaftlichen Darstellungen botanischer Künstler und Forschungsreisender passt zu den begleitenden Texten in „das botanischen Schauspiel", die sich weniger den naturkundlichen Sachverhalten widmen als der Kulturgeschichte der einzelnen Pflanzen. In dem Kapitel über die Iris graminea weiß die Autorin viel über die

Geschichte der Schwertlilie als Wappenblume zu berichten, darüber dass die Pflaumeniris bereits im „Hortus Eystettensis“ abgebildet wurde und berühmte Botaniker sich mit ihr beschäftigt haben. Von der reichen Vergangenheit der einzelnen Arten spannt sie einen Bogen bis hin zu ihrem eigenen Garten und schließt ihren Bericht mit kurzen Bemerkungen zur Pflege der Pflanze ab. Ebenso korrespondiert die Präzision ihrer an alten Meistern geschulten Pflanzenbilder mit den Ansprüchen Rudolf Borchardts, der sich mit Genauigkeit und Leidenschaft gemalte Blumenbilder wünschte.
Ohne den erzählerischen Kontext sind die Blumenbilder aus dem „Botanischen Schauspiel“ unvollständig. Als schlichte Bebilderungen für einen Text lassen sie sich aber auch nicht zu verstehen. Im Portfolio sind Bilder und Texte ja auf mehrere Blättern verteilt. Sie sind Elemente eines komplexen Gefüges aus Wort-Bild-Bezügen. Obwohl die Bilder Borchardts Buch durchaus schmücken und zum Text prinzipiell passen, wirken sie dennoch ein wenig wie Fremdkörper. Dies mag daran liegen, dass man die Bilder, um sie in das hohe und schmale Buchformat einzupassen, an den Rändern beschnitten hat, was keinem Kunstwerk gut bekommt. Zudem wurden die Darstellungen willkürlich im Buch verstreut, ohne Rücksicht auf die Erwähnung der Gewächse im Text. Im „Botanischen Schauspiel“ von 2007 wurde das Format besser berücksichtigt, die Bilder wurden vollständig wiedergegeben und die Bilder und Texte sind – mehr noch als in der Lose-Blatt-Sammlung in der Mappe – eindeutig aufeinander bezogen.

AUSSTELLEN

Anita Albus Blumenbilder ohne die zugrunde liegenden Bücher und Texte einem Publikum verständlich vorzustellen, ist nicht einfach. Zweifellos sind ihre Arbeiten wunderschöne und ästhetisch ansprechende Kunstwerke. Doch ohne Hinweise auf ihre Funktion wirken sie auch wie aus der Zeit gefallen. Dies mag ein Grund sein, weswegen man ihre Blumenbilder bisher nur selten auf Ausstellungen sehen konnte. Gemalt mit Aquarell- und Gouachefarben auf Papier, sind sie für die Präsentation in Galerien und Museen ohnehin nur kurzfristig geeignet, weil Papier und Farben empfindlich auf zu viel Licht reagieren und ausbleichen oder vergilben könnten. Im Kunsthandel werden sie nicht angeboten, die Werke befinden sich im Besitz der Künstlerin. Wie bei den Pergamentbildchen von Maria Sibylla Merian liegt ihr Zweck in der Vorlage für Buchillustrationen.
Seit einigen Jahren jedoch beginnen sich Ausstellungsmacher auch für die Kunst von Anita Albus zu interessieren. Eine Schau in Glücksstadt stellte

ihr Werk 2012 vor. 2013 waren einige ihrer Arbeiten in Kiel zu sehen und bereits 2004 widmete das Hessische Landesmuseum Darmstadt ihr eine kleine Werkschau, als ihr der Johann-Heinrich-Merck-Preis für Kritik und Essay der Deutschen Akademie für Sprache und Dichtung verliehen wurde. Bei diesem Anlass habe ich die Künstlerin und ihre Bilder kennen gelernt. Damals habe ich mich ebenfalls gefragt, wie man die Bilder eigentlich angemessen ausstellen und welche Geschichten die Ausstellung dem Publikum erzählen kann. Die Kunstfertigkeit, mit der sie ihre Bilder gestaltet hat, legte einen Vergleich mit ähnlichen Arbeiten alter Meister nahe. Kurz haben wir daran gedacht, die kleine Deckfarbenmalerei von Maria Sibylla Merian aus den Sammlungen des Hessischen Landesmuseums Darmstadt als Vergleich zu präsentieren (→VGL. ABB. 9). Doch als ich damals mit der Künstlerin sprach, war ihr der Bezug zu Merian nicht so wichtig. Maria Sibylla Merian interessierte sich im Unterschied zu Anita Albus ja vor allem für die Beziehungen zwischen Insekten und Pflanzen, während auf den Bildern von Anita Albus kein einziges Insekt zu sehen ist. Auf ihren Bildern geht es um die Verwandlungen des Blattes. In dem Buch „Paradies und Paradox" hat die Künstlerin Maria Sibylla Merian jedoch ein Kapitel gewidmet, und es bleibt abzuwarten, welche Überraschungen ihr geplantes Buch über die Schmetterlinge bergen wird. Anstelle des Merian-Blattes haben wir in der Ausstellung ihren Bildern ein kleines Blumenstillleben in holländischer Manier zur Seite gehängt. Um in der Ausstellung einen Eindruck von der Tätigkeit von Anita Albus als Malerin zu vermitteln, präsentierten wir eine Auswahl ihrer Blumenbilder aus dem „Botanischen Schauspiel" als Galeriebilder gerahmt und hinter Glas an der Wand. In einer Vitrine waren einige Modelle für ihre Bilder zu sehen, ihre Bücher, die Mappe „Das Botanische Schauspiel" und vor allem Malmaterialien und Werkzeuge, mit denen sie ihre Bilder angefertigt hatte. Denn von der Vorstellung, dass Anita Albus ihre Farben selber herstellt, war ich ganz besonders fasziniert. Die Malerin arbeitete mit Farben, wie sie Jean Bourdichon, Clara Peeters oder Anne Vallayer-Coster verwendeten und mit denen Maria Sibylla Merian handelte – wie wir im 5. Kapitel gesehen haben – als es noch keine synthetischen Farben und Farbtuben zu kaufen gab.

WERKSTATT MIT VERLORENEN FARBEN

Anita Albus stellte uns für die Ausstellungsvitrine Pigmente, Mineralien, Metalltäfelchen und Obstkerne zu Verfügung, aus denen sie die Farben für ihre Bilder selbst hergestellt hat. Sie erzählte mir, dass sie anfing, sich mit der Produktion von Farbpigmenten zu beschäftigen, weil sie im Handel keine geeigneten Farben für das Gefieder eines Eisvogels finden konnte, an dem sie damals arbeitete. Zusammengefasst hat sie ihr Wissen um die Geheimnisse der alten Farben und den komplexen Systemen ihrer Verwendung als Malerin und Wissenschaftlerin in ihrem Buch „Die Kunst der Künste". Darin erzählt sie vom Reichtum und den sinnlichen Eigenschaften der alten Pigmente im Unterschied zu den heute künstlich hergestellten Tubenfarben und beschreibt den schleichenden Verlust maltechnischen Wissens im Verlauf des 19. Jahrhunderts.

Schwarz aus gebrannten Obstkernen, Grün aus dem gemahlenen Halbedelstein Malachit oder aus Grünspan, abgekratzt von kleinen Kupferplatten; Schieferweiß aus Cerussitkristallen, hergestellt in speziellen Tontöpfen, die man unter Pferdemist begrub, waren in der Vitrine zu sehen. Viel Aufwand, um an Farben zu kommen, denn eigentlich sind die Mineralien zu teuer, um sie zu Farben zu verarbeiten, erzählte Anita Albus während der Vorbereitungen. Dazu ist Grünspan giftig, verträgt sich mit anderen Farben zumeist schlecht und zerfrisst unter Umständen sogar das Papier, auf das er aufgetragen wird, wenn man es nicht grundiert. So ist das Papier des Iris-Bildes mit einer Mischung aus Pigmenten und Terpentin eingerieben. Industriell hergestellte Pigmente wären auf dieser Oberfläche abgeperlt, nicht aber die selbst hergestellten Farben, die sie mit einer Mischung aus dem Baumharz Gummi arabicum und Honig gebunden hat. Auf allen Bildern hat die Künstlerin ihre Pflanzen-Darstellungen nur mit dem Pinsel auf das Blatt gesetzt, ohne Vorzeichnungen mit einem Stift. Auf dem dunklen Grund zeichnete sie die Umrisse mit dünner weißer Farbe vor. Doch so arbeitete sie nicht von Anfang an: In der Ausstellung konnten die Besucher nachvollziehen, wie Anita Albus im Verlauf der Arbeit am Botanischen Schauspiel ihre Technik veränderte. Das allererste Bild der Serie war die Kardinalslobelie, auf dem ihre Arbeit sichtbare Spuren hinterlassen hat: In der Tiefe des Bildes sieht man sogenannte Pentimenti oder Reuespuren. Blassgrüne Blattschatten im unteren Drittel des Stängels verraten, dass die Künstlerin ihre Komposition noch einmal geändert hat. Ein seltenes Detail, das nicht in der gedruckten Mappe und erst recht nicht auf den verkleinerten Darstellungen bei Borchardt und im „Botanischen Schauspiel" von 2007 zu erkennen ist. Die Kardinalslobelie entstand noch auf dem hellem, unbearbeiteten Papier. Doch störte sich die Künstlerin sich mit fortschreitender Arbeit zunehmend an der grellen Farbe des Büttenpapiers und begann deshalb den Bildgrund zu färben.

Begonnen hat Anita Albus ihre Bilder in Frankreich, fertiggestellt hat sie diese in ihrem Münchener Atelier. Insgesamt zwei Jahre hatte sie für die einundzwanzig Bilder Zeit. Das klingt zunächst einmal ausreichend, ist es aber bei genauerer Betrachtung nicht. Gemalt werden mussten die einzelnen Pflanzen ja zum Zeitpunkt ihrer Blüte. Im Atelier in der Vase hielten sich die Blüten vielleicht ein paar Tage oder möglicherweise sogar eine Woche. Bis dahin mussten die wesentlichen Teile des Bildes fertig sein. Wenn mehrere Arten zur gleichen Zeit blühen, wartete eine Menge Arbeit.

ANACHRONISMUS

Im Unterschied zu den vielen anderen heute tätigen botanischen Malerinnen und Malern oder Künstlern, die sich ganz allgemein mit Pflanzenmotiven beschäftigen, orientiert Anita Albus sich nicht nur in Komposition und Darstellungsweise an den alten Vorbildern, sondern hat sich sogar historische Maltechniken erarbeitet. Ist ihre Kunst also rückwärtsgewandt, aus der Zeit gefallen oder gar anachronistisch, wie es ihr Kritiker immer wieder vorwerfen? Tatsächlich waren einige ihrer Bilder 2013 in der Kieler Ausstellung „Old School. Anachronismus in der zeitgenössischen Kunst" zu sehen. Und so können sich auch nicht alle Kritiker mit ihrer Kunst anfreunden, die so viel Wert auf präzise Nachahmung der Natur, Beherrschung der künstlerischen Techniken und handwerkliche Geschicklichkeit legt.

Für Anita Albus gehört die altertümliche Wirkung ihrer Bilder durchaus zum künstlerischen Konzept. Auf den Fotografien von Isolde Ohlbaum etwa wirkt sie selbst ebenfalls ein wenig wie eine Person aus einer anderen Zeit. Als Niederländerin aus dem 17. Jahrhundert könnte man sie sich ganz gut vorstellen. Im Nachwort zum „Botanischen Schauspiel" schreibt Anita Albus, wie sie einige ihrer Blumenbilder in der Münchener Kunstakademie im Atelier des Künstlers Daniel Spoerri fertig malte und wie ihre Werke bei den vorbeischauenden Kunststudenten entgeisterte Blicke ausgelöst haben. Die Studenten waren offenbar nicht in der Lage, einzuordnen und zu verstehen, was sie da gesehen haben. Doch wie wir in den vorangegangenen Kapiteln bereits feststellen konnten, war die Kunstakademie bereits seit dem 19. Jahrhundert nicht mehr der richtige Ort für Blumenmaler. Anne Vallayer-Coster in Paris war eine der letzten Malerinnen, die noch als Mitglied einer Kunstakademie in der Blumenmalerei Karriere gemacht hatte. Und auch sie malte ihre Bilder in großen Formaten in Öl auf Leinwand. Kleinere Arbeiten mit Wasserfarben auf

Papier und Pergament für wissenschaftliche Dokumentationen und als Buchillustrationen entstanden bereits damals überwiegend außerhalb des akademischen Betriebs. Sie waren Arbeiten von Spezialisten für Spezialisten.

So prallen in Anita Albus' Anekdote noch einmal zwei Welten aufeinander, die sich bereits vor zweihundert Jahren voneinander getrennt hatten. Aber vielleicht war auch nur der Ort für die Begegnung der Kunststudenten mit den Bildern von Anita Albus falsch gewählt. In der Ausstellung der Society of Botanical Artists im Frankfurter Palmengarten wären ihre Arbeiten jedenfalls weit weniger aufgefallen. Miniaturen in der Art der alten Meister, die Beschäftigung mit Seltenem, Verschwundenem oder Ausgestorbenem, hohes handwerkliches Niveau, präzise wissenschaftlichen Ansprüchen genügende Darstellungen habe ich dort ebenfalls gefunden.

Dennoch passt Anita Albus mit ihrem „Botanischen Schauspiel“auch zum Kreis der Society of Botanical Artists nicht wirklich: weil sie die Bücher für ihre Bilder selber schreibt, weil ihre Bilder so viel mehr vermitteln als nur botanische Wissenschaft, weil ihr die Blätter wichtiger sind als die Blüten und nicht zuletzt, weil ihre Bilder unverkäuflich sind.

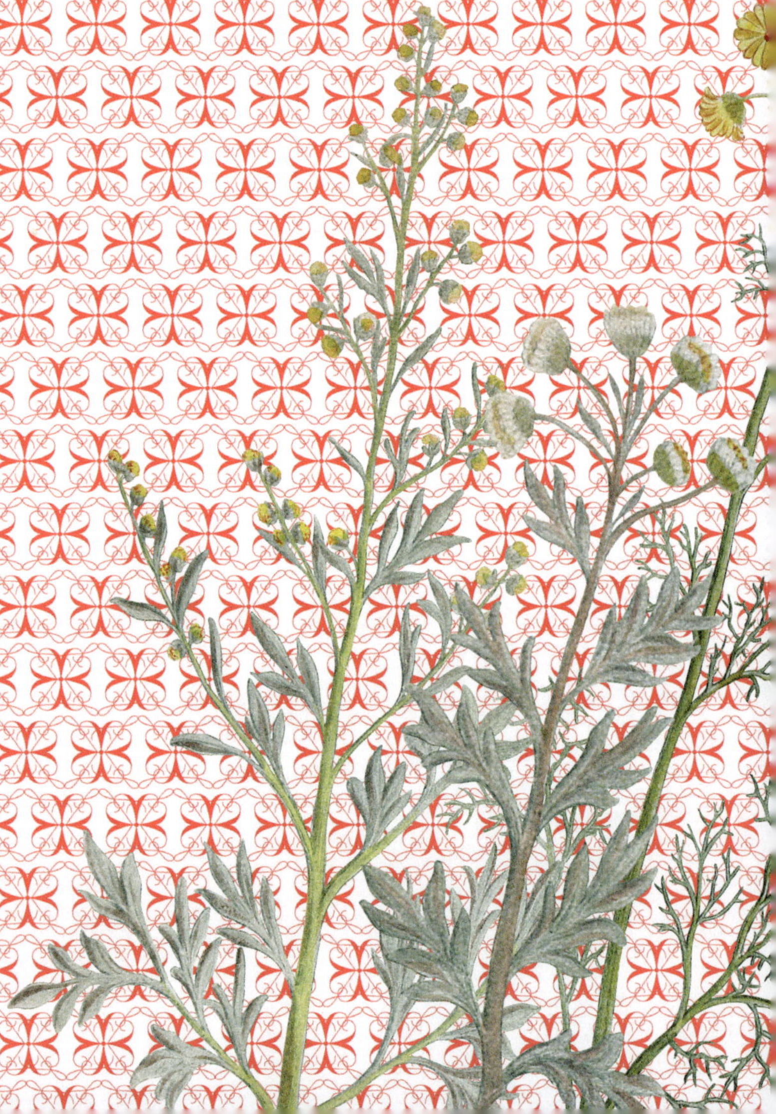

11

Die Herbarien im Garten – die Kunst der LILI FISCHER

(GEB. 1947)

Um Bücher, Kunst, Botanik und Forschung geht es auch bei diesen Objekten auf einer Wiese (→ABB. 24). *Es handelt sich um aufgeschlagene Bücher, auf deren Doppelseiten kluge Sprüche und Rezepte zu lesen sind, die zusätzlich mit handschriftlichen Notizen ergänzt wurden. Auf anderen sind Pflanzenzeichnungen zu sehen, die so ganz anders wirken als die farbigen Miniaturen von Anita Albus. Auf blassbraunem Grund erkennt man Büsche, Bäume oder Kräuter. Ob es sich nun aber um Orchideenblüten und Glockenblumen handelt, ist gar nicht so leicht zu entscheiden* (→ABB. 25). *Botanische Genauigkeit wie auf den Bildern von Anita Albus oder Maria Sibylla Merian wurde offenbar nicht angestrebt.* Dennoch wirken die Zeichnungen virtuos, weil der Schwung der Linien die dargestellten Motive lebendig erscheinen lässt. Eingebettet sind die Zeichnungen in handschriftliche Notizen, die ähnlich schwungvoll und energiegeladen erscheinen wie die Bilder, mit denen sie farblich harmonieren. Es sieht so aus, als ob die Zeichnungen, Skizzen und Notizen direkt aus den Notizbüchern eines Forschers stammen.

Doch bestehen die vermeintlichen Bücher tatsächlich aus Keramikfliesen, Betonrahmen und verzinkten Stahlträgern. Aus derart robustem Material trotzen sie seit über zwanzig Jahren dauerhaft Wind und Wetter in den Außenanlagen des Wissenschaftszentrums Ulm auf dem oberen Eselsberg. Von ihrem Standort haben die Tafeln auch ihren Namen bekommen: „Ulmer Herbarien" nannte die Hamburger Künstlerin Lili Fischer ihre Installation, die sie in den Jahren 1996 bis 1999 geschaffen hat.

Lili Fischer hat für ihre „Ulmer Herbarien“ die Pflanzenbücher mit Texten und Bildern in die Natur zurückgetragen. Auf der Wiese und dem umliegenden Gelände aufgestellt, konfrontiert die Künstlerin den Inhalt der Bücher mit den lebendigen Pflanzen. Doch während der Pflanzenwuchs sich je nach Tages- und Jahreszeit oder nach gärtnerischen Eingriffen immer wieder verändert, zeigen die frostsicheren Kachel-Bücher einen immer gleichen Zustand. So spricht der von vielen Künstlern dargestellte Gegensatz von kurzlebiger Natur und dauerhafter Kunst auch aus den „Ulmer Herbarien“. Sie formulieren die gleichen Vanitas-Gedanken, wie wir sie schon auf Clara Peeters Bildern und der Granatapfel-Miniatur von Jean Bourdichon gefunden haben.
Lili Fischer studierte 1966 bis 1973 an der Hochschule für bildende Künste in Hamburg und promovierte 1978 nach dem Studium der Völkerkunde und Pädagogik. Ihre Teilnahme an der Documenta 8 in Kassel 1987, zahlreiche Ausstellungen und Performances machten sie bekannt. Als Kunstprofessorin unterrichtet sie seit 1994 an der Kunstakademie Münster. Anne Vallayer-Coster hingegen durfte selbst als Mitglied der Académie in Paris weder Kunstkurse besuchen noch selber lehren. Hermione von Preuschen war als Frau ein Kunststudium an einer staatlichen Hochschule gar nicht erst erlaubt, und sie malte aus diesem Grund notgedrungen Blumen. Erst für Georgia O'Keeffe richtete das Museum in Modern Art in New York – das erste Mal überhaupt für eine Künstlerin – eine Einzelausstellung aus. Verglichen mit diesen Vorgängerinnen hat Lili Fischer eine ganz andere Art von Karriere gemacht. Studium, Abschluss mit Promotion, vielbeachtete Ausstellungen und eine Professur sind ihre Stationen. Ihr künstlerischer Werdegang unterscheidet sich zumindest, was die formalen Voraussetzungen angeht, nicht mehr von Lebensläufen männlicher Kollegen. Und dennoch hat Lili Fischer Themen für ihre Kunst ausgewählt, die wir in den vergangenen Kapiteln als typisch weibliche Themen kennen gelernt haben.
Entstanden sind die Keramiktafeln der „Ulmer Herbarien“ aus der langjährigen Beschäftigung Lili Fischers mit Pflanzen und Heilkräutern. Bereits in den 1970er Jahren hatte die Künstlerin Pflanzen selbst gesammelt oder in Apotheken und Kräuterläden gekauft. Einheimischen Kräutern, denen besondere Kräfte und alte magische Bedeutungen zugeschrieben wurden, galt dabei ihr vorzügliches Interesse. Einen Teil der erworbenen Pflanzen trocknete sie oder zeichnete sie ab. Zu jedem gesammelten Exemplar legte sie eine Akte an. Die gepresste oder gezeichnete Pflanze begleitete sie mit geschriebenen Kommentaren, Listen, wissenschaftlich wirkenden Diagrammen und Skizzen. Die so entstandene Sammlung loser

Blätter verstaute sie in Mappen, die sie als „Fuhlsbütteler Herbarien" bezeichnete, benannt nach dem Wohnort der Künstlerin im Hamburger Stadtteil Fuhlsbüttel. Die Blätter der „Fuhlsbütteler Herbarien" wurden zur Grundlage für die Keramikfliesen-Bücher in Ulm. Die Texte und Sprüche in den Ulmer Herbarien, die über Heil- und Zauberkräfte der Pflanzen informieren, die Zeichnungen von Blüten, Knospen oder Wurzeln übertrug die Künstlerin im Siebdruckverfahren auf die Fliesen. Danach pflanzte Lili Fischer die Bücher buchstäblich in das Gelände am Wissenschaftszentrum. Spaziergänger können Fliesengruppen zum Thema „Baumlesungen" finden, es gibt einen „Kunsthistorischen Pfad" oder den „Spalier der Empfehlungen" mit alten Pflanzenweisheiten.
Wie eine Wissenschaftlerin, eine Botanikerin oder Ethnologin, hat Lili Fischer Untersuchungsobjekte für ihre Herbarien zusammengetragen, hat die Gewächse abgezeichnet und beschriftet. Sie archivierte die Ergebnisse in Mappen und machte sie der Öffentlichkeit zugänglich. Diese sehr systematische Vorgehensweise reiht Lili Fischers Arbeit in die lange Tradition der botanisch-künstlerischen Beschäftigung mit den Pflanzen, die in Werken wie dem „Wiener Dioskurides" begründet wurde, mit Herbarien und Florilegien wie dem Stundenbuch der Anne de Bretagne, Maria Sibylla Merians Raupenbuch oder mit den Miniaturen von Anita Albus fortgeführt wurde. So verweisen Lili Fischers Kermamikbücher auf dem Gelände der Universität Ulm auf die lange – und nicht zuletzt weibliche – Tradition der künstlerischen und forschenden Beschäftigung mit den Gewächsen in der Buchkunst. Doch dort, wo etwa Anita Albus ihre Bilder für Bücher und Mappen malt, die in Bücherregalen und Bibliotheken aufbewahrt werden, bringt Lili Fischer die Pflanzenbücher der „Ulmer Herbarien" zurück in den Garten und zurück in die Natur. In diesem Punkt unterscheiden sich Lili Fischers Arbeiten tatsächlich von allen anderen in diesem Buch besprochenen Werken, die für den Ausstellungsraum oder für die Bibliothek geschaffen wurden.

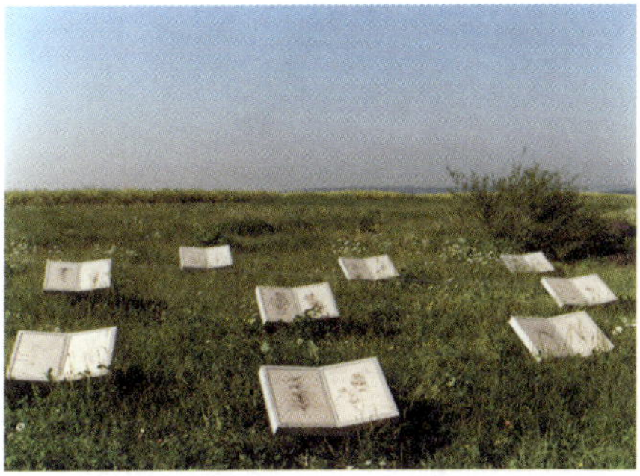

(ABB. 24) LILI FISCHER, Ulmer Herbarien, Installation 1996–1999

Ähnlich wie Maria Sibylla Merian, Anita Albus oder vielleicht auch Marianne North vor ihr, nutzt Lili Fischer wissenschaftliche

Arbeitsweisen für ihre Kunst. Sie sammelt und analysiert ihre Forschungsgegenstände, ordnet und zeichnet sie. Tatsächlich hat Lili Fischer bereits während ihres Studiums an der Universität Hamburg im Fach Ethnologie intensive Pflanzen- und Kräuterstudien betrieben, die gewiss eine wissenschaftlich motivierte Grundlage für ihre künstlerische Arbeit darstellen. Doch ihre Kunst wurzelt ebenso in den Konzepten der sogenannten „künstlerischen Spurensicherung" und der „künstlerischen Feldforschung", die in den 70er Jahren des vergangenen Jahrhunderts entwickelt und von Lili Fischer mit begründet wurden. Der Begriff der „Feldforschung" ist der Archäologie, Ethnologie und der Botanik entlehnt. Ziel der Künstler ist eine gründliche, umfassende Bestandsaufnahme der zu erforschenden Objekte in ihrem Umfeld. Die peniblen Beschriftungen und Erläuterungen sollen die Betrachter von einem scheinbar wissenschaftlichen Umgang mit den Pflanzenfunden überzeugen. Mit dem ethnologischen Studium als Basis interessiert sich auch Lili Fischer in ihren Werken für die sichtbaren Beziehungen zwischen Natur und Menschen in den verschiedenen Ausprägungen. Doch konstruiert sie mit ihren Werken Geschichten und legt Spuren, die keinen wissenschaftlich überprüfbaren Tatbestand darstellen, sondern in eine fiktive Vergangenheit führen. So hat sie etwa in den „Ulmer Herbarien" fremde Schriften integriert, um vermeintlich wechselnde Nutzungen und Geschichte der Tafeln anzudeuten.

Die Beschreibungen, die Konservierung der Naturobjekte, deren Archivierung und andere Arbeitsverfahren der Naturwissenschaftler gehören zu Lili Fischers künstlerischem Konzept. Das wissenschaftliche Instrumentarium verwendet sie, um damit ganz unwissenschaftlich „fiktive Wissenschaft" und „subjektive Botanik" zu betreiben. Denn der Maßstab für ihre Arbeit ist keine wie auch immer definierte Systematik, in dem es um Herkunft, Ökologie oder Verwandtschaftsverhältnisse geht. Im Unterschied zu Maria Sibylla Merian, die verschiedene Gewächse als Futterpflanzen für Insekten vorstellen wollte, Marianne North, die sich für Pflanzengemeinschaften exotischer Länder interessierte, Anita Albus, die auf Rudolf Borchardts Buch als Katalog für ihre Pflanzenauswahl zurückgriff, oder Sue Hénon, die Aufträge für botanische Fachbücher erhält, hat Lili Fischer in den „Ulmer Herbarien" die Pflanzen einem künstlerischen Konzept untergeordnet. Ihre Annäherung an die Pflanzenwelt steht in dieser Hinsicht Anne Vallayer-Coster oder Georgia O'Keeffe näher, die ebenfalls ganz bestimmte Blumen auswählten, um ihre Geschichten zu erzählen.

Im Unterschied zu ihren Vorgängerinnen zeichnet Lili Fischer die Pflanzen jedoch nicht nur ab. Ihre Kunst umfasst auch Installationen,

Sprachexperimente und Performances. Im Mittelpunkt ihrer Arbeiten steht stets das ganz persönliche Interesse an Formen, Farben, den emotionalen Wirkungen, die ihre Werke bei den Betrachtern hervorrufen. So geben auch die Texte der „Ulmer Herbarien“, die wohl nicht zufällig auch ein wenig so aussehen wie die Beschilderungen in einem Botanischen Garten, keine abgesicherten Informationen oder Hinweise auf den traditionellen Gebrauch der Pflanzen, wie man sie in den allermeisten Pflanzenbüchern erwarten würde. Stattdessen empfiehlt Lili Fischer zum Stichwort Wermut: „Ist einer grün wie ein Laubfrosch, mager wie eine Pappel, nimmt täglich ab an Gewicht und Humor und wirft keinen Schatten mehr, der probiere es mit einem Teelöffel voll Wermut alle 2 Stund; Wermut leidet jedoch keinen Zucker. (Schleckermäuler oh weh!).“ Der Text erinnert in seiner altmodischen Sprache und dem skurrilen Rezeptvorschlag an historische Kräuter- oder Kochbücher. Um die Heilung echter Gebrechen mit Wermut geht es der Künstlerin wohl eher nicht. Stattdessen greift sie die traditionellen Konzepte vom Umgang mit den Gewächsen auf und verwandelt alles mit einem ganz eigenen Humor.

LOSE ENDEN

Mit den „Ulmer Herbarien“ schließe ich meine kleine Betrachtung über Frauen und die Kunst der Blumenmalerei ab. Lili Fischer hat mit den „Ulmer Herbarien“ das Pflanzenbuch und damit auch die Kunst, die sich mit den Gewächsen beschäftigt, in den Garten zurückgetragen, an den Ort, an dem auch unsere Suche nach den Verbindungen zwischen Frauen und der Kunst der Blumenmalerei begonnen hatte. Wie ihre Vorgängerinnen arbeitet Lili Fischer in den Zwischenbereichen von Natur und Wissenschaft, unternimmt Exkursionen in die Natur und macht daraus Kunst. Als repräsentative Stillleben, als Bild für den Ausstellungsraum oder als Buchillustration, die manchmal noch von eigenen Texten begleitet werden, haben die vorgestellten Künstlerinnen Naturbeobachtungen in künstlerische Form umgesetzt: Anita Albus spürte mit ihren altmeisterlichen Farben und Bildern den Anfängen und Höhepunkten der Blumenmalerei nach und hat Bücher darüber geschrieben. Georgia O'Keeffe malte Blüten, die von der Kritik als Metaphern des weiblichen Körpers und der weiblichen Sexualität gedeutet wurden, Hermione von Preuschen versuchte Malerei und Dichtung in ihren Bildideen zu verbinden und sah in der Blumenmalerei einen Notbehelf, während Marianne North derlei Probleme überhaupt nicht interessierten. Sie malte exotische Pflanzengesellschaften und ordnete ihre Bilder in einem eigenen

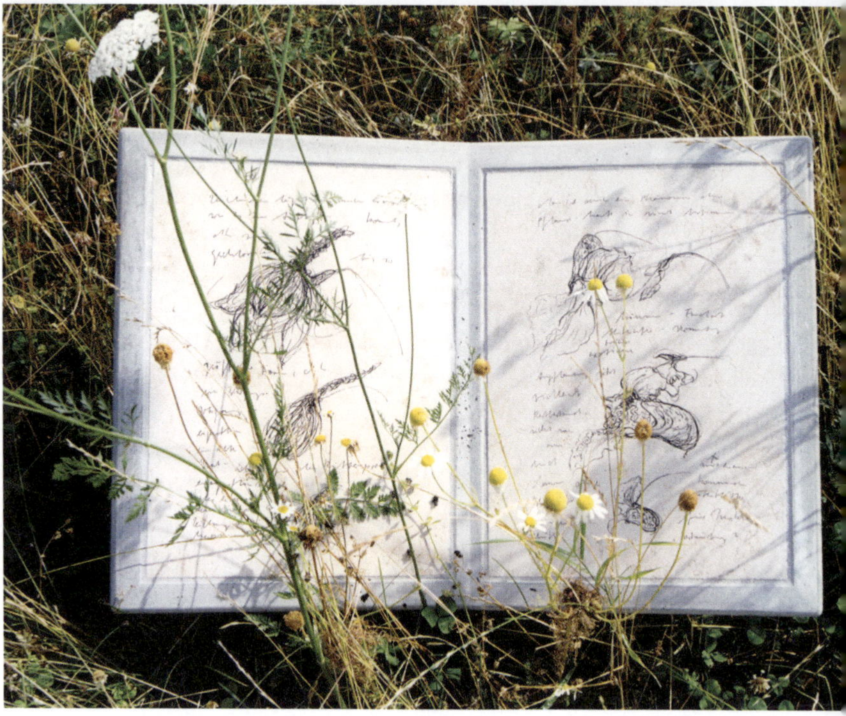

(ABB. 25) LILI FISCHER, Ulmer Herbarien, Installation (Detail), 1996–1999

Museum. Ob nun die große Karriere an der Pariser Kunstakademie oder Erfolg als Stilllebenmalerin in Antwerpen, Blumenbücher schreiben und selber illustrieren oder auch nur beauftragen, das Thema Frauen und die Kunst der Blumenmalerei besitzt eine reiche Vergangenheit. Sie hat unfassbar viele Facetten, die sich nur schwer vollständig beschreiben lassen.

So haben wir in den vorangegangenen Kapiteln verschiedene Standpunkte kennengelernt, die zwischen freier und angewandter Kunst, kommerziellen Interessen, botanischer Wissenschaft und Liebhaberei nicht eindeutig festzulegen sind. Dennoch scheint es einige Schwerpunkte zu geben, die Künstlerinnen in diesem Bereich besonders interessierten: Über die ästhetischen Herausforderungen hinaus, ordneten sie mit ihren Werken die Gewächse und die eigene Tätigkeit als Malerin, Forscherin, Künstlerin in ihre kulturellen, sozialen oder wissenschaftlichen Zusammenhänge ein und hatten dabei stets auch die Vergangenheit ihres Faches im Blick. Forschen, Schreiben und individuelle künstlerische

Umsetzungen sind die verbindenden Elemente, die in der weiblichen Auseinandersetzung mit botanischen Themen immer wieder kehren und die vom Mittelalter bis zu Lili Fischers „Ulmer Herbarien“ reichen.

Lili Fischer hat mehr noch als ihre Vorgängerinnen in ihren Arbeiten eine ganz spezifisch weiblich anmutende Ästhetik entwickelt, die witzig-ironisch die uralten Vorstellungen und Klischees von weiblicher künstlerischer Betätigung, weiblichen Alltagsgeschäften, der Arbeit am Herd und im Garten und die überkommenen Vorstellungen von Kräuterfrauen oder Hexen aufgreift und reflektiert. Dabei wirkt Lili Fischers Kunst einerseits unspektakulär und alltäglich, weil sie weiblich geprägte Beschäftigung mit den Pflanzen und deren Nutzung in ihr Werk mit einbezieht, andererseits aber auch überraschend und geheimnisvoll. So lässt sich vielleicht sagen, dass in Lili Fischers Arbeiten die vielen losen Enden unserer Betrachtung wieder zusammenfinden: Die forschende und künstlerische Beschäftigung mit den Wundern der Pflanzenwelt, das Nachdenken über die Existenz als Frau und Künstlerin und nicht zuletzt die Vermittlung der Arbeit an das Publikum und an Schüler.

Ziel dieses Buches war es, tiefer in die Welt der künstlerischen Auseinandersetzung mit den Pflanzen einzutauchen und danach zu fragen, welche Positionen Künstlerinnen im Umgang mit den Gewächsen entwickelt haben. Doch geben weder Kunst noch Natur ihre Geheimnisse auf einmal preis, und so hat auch dieses Buch längst nicht alle Geschichten erzählt und ganz sicher nicht alle interessanten Künstlerinnen erfasst. Wenn es jedoch aufzeigen konnte, dass das künstlerische Interesse von Frauen an der Pflanzenwelt eine lange und immer noch größtenteils verborgene Geschichte aufweist, die sich bis in unsere Gegenwart fortsetzt, und dass vielleicht tatsächlich so etwas wie eine weibliche Linie in der Beschäftigung mit den Pflanzen existiert, dann hat dieses Buch seinen Zweck erfüllt.

LITERATURVERZEICHNIS

ALBUS, ANITA, Die Kunst der Künste.Erinnerungen an die Malerei, Frankfurt a.M. 1997

ALBUS, ANITA, Paradies und Paradox. Wunderwerke aus fünf Jahrhunderten, Frankfurt a.M. 2003

ALBUS, ANITA, Das botanische Schauspiel. Vierundzwanzig Blumen, nach dem Leben gemalt & beschrieben, Frankfurt a.M. 2007

ALPERS, SVETLANA, Kunst als Beschreibung. Holländische Malerei des 17. Jahrhunderts, Köln 1985

BEER, WOLF DIETRICH (HG.), Schmetterlinge, Käfer und andere Insekten. Das Leningrader Studienbuch, Leipzig 1976, 2 Bände

BENKE, BRITTA, Georgia O'Keeffe 1887–1986. Blumen in der Wüste, Köln 2011

BERGER HOCHSTRASSER, Julie, Still Life and Trade in the Dutch Golden Age, New Haven / London 2007

BILIMOFF, MICHELLE, Promenade dans des Jardins disparus. Les plantes au Moyen Age d'après les Grandes Heures d'Anne de Bretagne, Rennes 2005

BLUNT, WILFRIED/WILLIAM T. STEARN, The Art of Botanical Illustration, London 1994

BEPREL, FRANCE, Le Peintre et son miroir, Tournai 2002

BORCHARDT, RUDOLF, Der leidenschaftliche Gärtner, Nördlingen 1987

CHADWICK, WHITNEY, Women, Art and Society, London 1990

EBERHARDT, MURIEL, Hermione von Preuschen (1852–1918). Eine Künstlerin um die Jahrhundertwende, in: Zeitschrift für Museum und Bildung 63, 2005, S. 8-27

EBERT-SCHIFFERER, Still Life. A History, München 1998

FISCHER, LILI, Herbarien. Barock begrüßt von Ellen Schwinzer und feinsinnig eingeführt von Stephanie Hauschild, Stuttgart 2000

FISHER, CELIA, Blumen der Renaissance. Symbolik und Bedeutung, München/London/New York 2011

FONTANE, THEODOR, Cécile, Frankfurt a.M. 1983

GREER, GERMAINE, Das unterdrückte Talent. Die Rolle der Frauen in der bildenden Kunst, Berlin/Frankfurt a.M./Wien 1980

GRIMM, CLAUS, Stillleben. Die italienischen, spanischen und französischen Meister, Stuttgart 2011

GROHÉ, STEFAN, Stillleben. Meisterwerke der holländischen Malerei, München/Berlin/London/New York 2004

HARTHAN, JOHN, Stundenbücher und ihre Eigentümer, Freiburg/Basel/Wien 1982

HAUSCHILD, STEPHANIE, Oasen für die Sinne. Wie der Garten ins Wohnzimmer kam, Ostfildern 2007

HAUSCHILD, STEPHANIE, Gärten im Licht. Impressionisten und ihre Gärten, Ostfildern 2013

HAUSCHILD, STEPHANIE, Skriptorium. Die mittelalterliche Buchwerkstatt, Darmstadt 2013

HAUSCHILD, STEPHANIE, Hermione von Preuschen 1854–1918, in: Der weibliche Blick. Vergessene und verschollene Künstlerinnen in Darmstadt 1880–1930, Katalog zur Ausstellung in Darmstadt, Darmstadt 2013

HELVEY, JENNIFER, Irises. Vincent Van Gogh in the Garden, Los Angeles 2009

HESDÖRFFER, MAX, Handbuch der praktischen Zimmergärtnerei, Berlin 1899

(HORTUS EYSTETTENSIS) Der Garten von Eichstätt. Das Pflanzenbuch von Basilius Besler. Mit einer Einführung von Klaus Walter Littger und botanischen Erläuterungen von Werner Dressendörfer, Köln/London/Madrid/Tokyo/PARIS/NEW YORK 1999

HÜCKING, RENATE, Blumenmalerinnen. Porträts besonderer Frauen und ihr Blick auf die Natur, München 2012

(KEW GARDENS) Royal Botanic Gardens Kew. Souvenir Guide, Richmond 2010

KOPANSKI, KARLHEINZ W., Der männliche Blick in den Spiegel. Eine motivgeschichtliche Untersuchung, Münster/Hamurg/London 1998

KRAUSCH, HEINZ-DIETER, Kaiserkron und Päonien rot. Entdeckung und Einführung unserer Gartenblumen, München/Hamburg 2003

MERIAN, MARIA SIBYLLA, Der Raupen wunderbare Verwandlung und sonderbare Blumennahrung, Nürnberg/Leipzig 1679

MERIAN, MARIA SIBYLLA, Der Raupen wunderbare Verwandlung und sonderbare Blumennahrung. Anderer Teil, Frankfurt a.M./Leipzig 1883

MERIAN, MARIA SIBYLLA, Das Insektenbuch. Metamorphosis Insectorum Surinamensum, mit einem Begleittext von Helmut Deckert, Frankfurt a.M./Leipzig 1991

MERIAN, MARIA SIBYLLA, Neues Blumenbuch. Mit einem Nachwort von Thomas Bürger, München/London/ New YORK 1999

MÜLLER, KAROLINE/ROTHE, Friedrich (Hg.), Victoria von Preußen 1840–1901 in Berlin 2001, 15. Mitteilungen des Vereins der Berliner Künstlerinnen 1867 e.V., Berlin 2001

MUYSERS, CAROLA (HG.), Die bildende Künstlerin. Wertung und Wandel in deutschen Quellen, Dresden 1999

NORTH, MARIANNE, Recollections of a happy Life. Beeing the Autobiography of Marianne North, New York/ London 1894, 2 Bände

NORTH, MARIANNE, The Gallery of Marianne North paintings of plants and their homes, Royal Gardens, Kew. Descriptive catalogue, London 1883

OBAMA, MICHELLE, The Story of the White House Kitchen Garden and Gardens across America, o.O. 2012

PAVORD, ANNA, Wie die Pflanzen zu ihren Namen kamen. Eine Kulturgeschichte der Botanik, Berlin 2008

PAYNE, MICHELLE, Marianne North. A very intrepid Painter, Richmond 2011

PREUSCHEN, HERMIONE VON, Tollkraut. aus: Noveletten, Leipzig 1893

PREUSCHEN, HERMIONE VON, Der Roman meines Lebens, Berlin/Leipzig 1926

ROTH, DIETRICH (HG.), Die Blumenbücher des Hans Simon Holtzbecker und Hamburgs Lustgärten. Ergebnisse einer Tagung am 27. und 28. Oktober 2000 und Katalog einer Ausstellung vom 26. Oktober bis 23. Dezember 2000 in der Staats- und Universitätsbibliothek Hamburg, Hamburg 2003

SCHMIDT, LOKI, Das Naturbuch für Neugierige, Berlin 2010

STEVENS, MARGARET, The botanical Palette. Color for the botanical Painter, London 2007

STRANK, KARL JOSEF/JUTTA MEURERS-BALKE (HG), ...dass man im Garten alle Kräuter habe...Obst, Gemüse und Kräuter Karls des Großen, Mainz 2008

TELESKO, WERNER, The Wisdom of Nature. The healing Powers and Symbolism of Plants and Animals in the Middle Ages, München/London/ New York 2001

WALPOLE, JOSEPHINE, A History and Dictionary of British Flower Painters, Woodbridge, Suffolk 2006

ZOLA, EMILE, Das Werk, Berlin 2005

(KATALOG) Stilleben in Europa, Katalog zur Ausstellung in Münster und Baden-Baden 1979–1980, Münster 1979

(KATALOG) Flowers and Nature. Netherlandish Flower Painting of Four Centuries, Katalog zur Ausstellung in Osaka, Tokyo und Sydney 1990, Amstelveen 1990

(KATALOG) Maria Sibylla Merian. Künstlerin und Naturforscherin 1647–1717. Katalog zur Ausstellung in Frankfurt 1997–1998, Ostfildern-Ruit 1997

(KATALOG) Anne Vallayer-Coster. Painter to the Court of Marie-Antoinette, Katalog zur Ausstellung in Washington, Dallas und New York 2002–2003, New Haven/ London 2002

(KATALOG) Georgia O'Keeffe and the Calla Lily in American Art, 1860–1940, Katalog zur Ausstellung in Santa Fé, Memphis und Williamsburgh 2002–2003, New Haven/London 2002

(KATALOG) The Temptations of Flora. Jan van Huysum 1682–1749, Katalog zur Ausstellung in Delft und Houston 2007, Zwolle 2007

(KATALOG) Impressionismus. Wie das Licht auf die Leinwand kam, Katalog zur Ausstellung in Köln 2008, Genf/ Mailand 2008

(KATALOG) Lili Fischer-Weg 1–65, Katalog zur Ausstellung im Stadtmuseum Münster 17. April – 8. September 2013, Bönen 2013

TOLLKRAUT (1893)

Ein weiter Garten scheint das Lebensfeld
Dem Menschenblick, von Blumen überhellt.
Dem Kinde blühen nur Vergißmeinnicht
In blauen Sternen, die es lächelnd bricht,
Dann Rosen, die dem jungen Herzen glüh'n,
In tausend Knospen ihm entgegensprüh'n;
Doch, schreiten höher wir den Pfad hinauf,
Zu Seiten sprießt's von fremden Blumen auf.
Tollkirschen glänzen aus dem dunkeln Laub
Und graue Dolden, wandelnd sich zu Staub,
Rührt sie der Athem beim Vorübergeh'n;
Aus weißen Kelchen strömt ein heißes Weh'n,
Ein fremder Duft, wie jähe Leidenschaft,
Die in die Adern strömt geheime Kraft.
Blau blüh'n die Nachtviolen dort am Hain,
Wenn längst die Lilien welken, tief im Rain.
Wo sich der Fuß in Schlamm und Sumpf verlor,
Zeitlosen schimmern rosig aus dem Moor,
Und Asphodelen schwankend leis im Wind.

Ein schwüler Hauch die Schläfen uns umspinnt,
Wir pflücken, pflücken von des Weges Saum
Die letzte Blüthe und den letzten Traum –.
... Wenn dann ermattet mälig uns der Fuß,
Nachtschatten, giftig noch als letzter Gruß
Und Schierling rankt und reckt sich nun zu Hauf,
Wir schauen fragend in die Nacht hinauf.
Die frommen Blümchen all', vom Mittagsweg,
Blüh'n nimmer an des Künstlers rauhem Steg,
Tollkraut nur wächst seitab vom breiten Pfad,
An dem die Heerden suchen Heerdensaat;

Doch was der Künstler schafft und pflückt und schaut:
Nachtschatten, Schierling, Belladonnenkraut!

Hermione von Preuschen